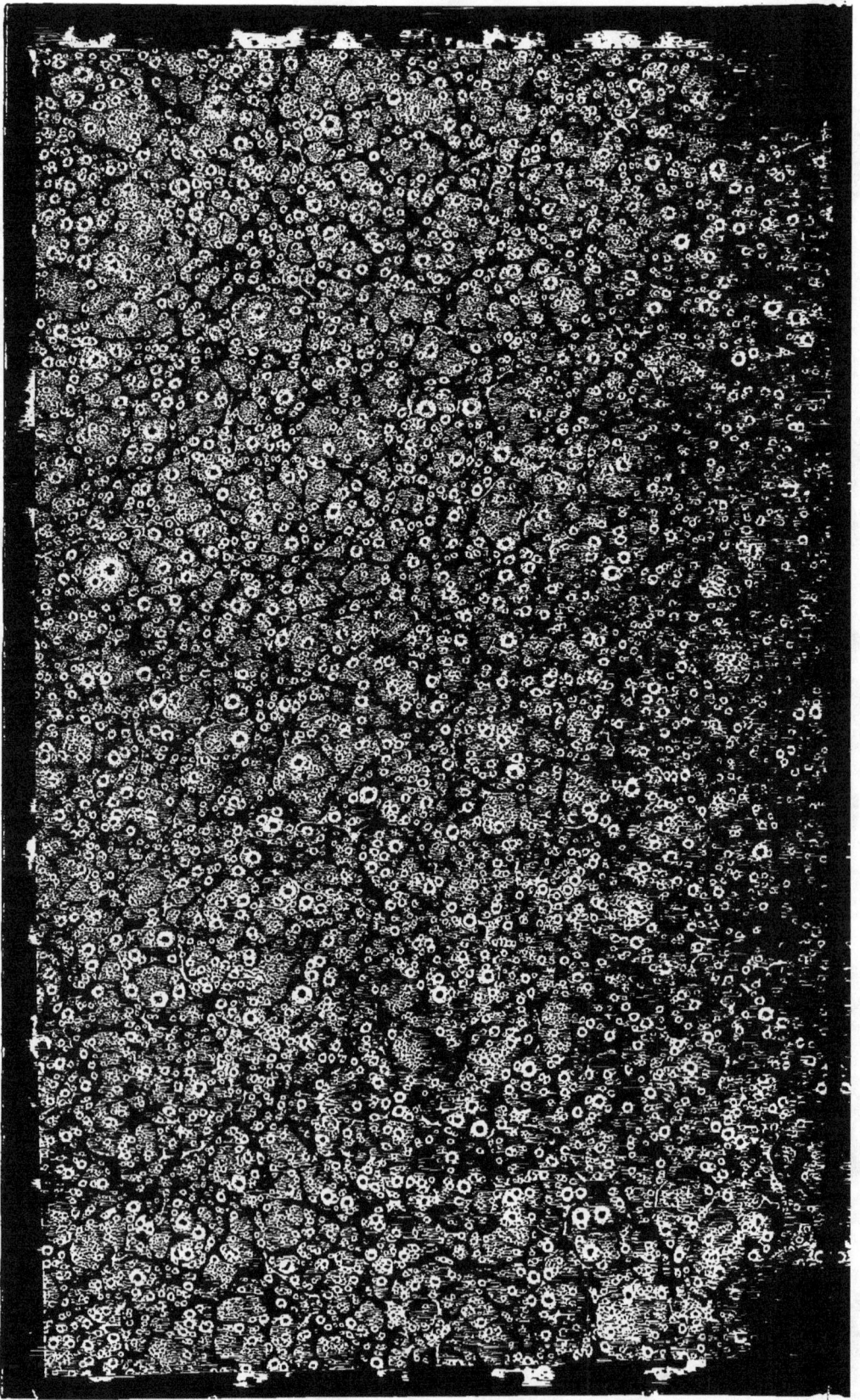

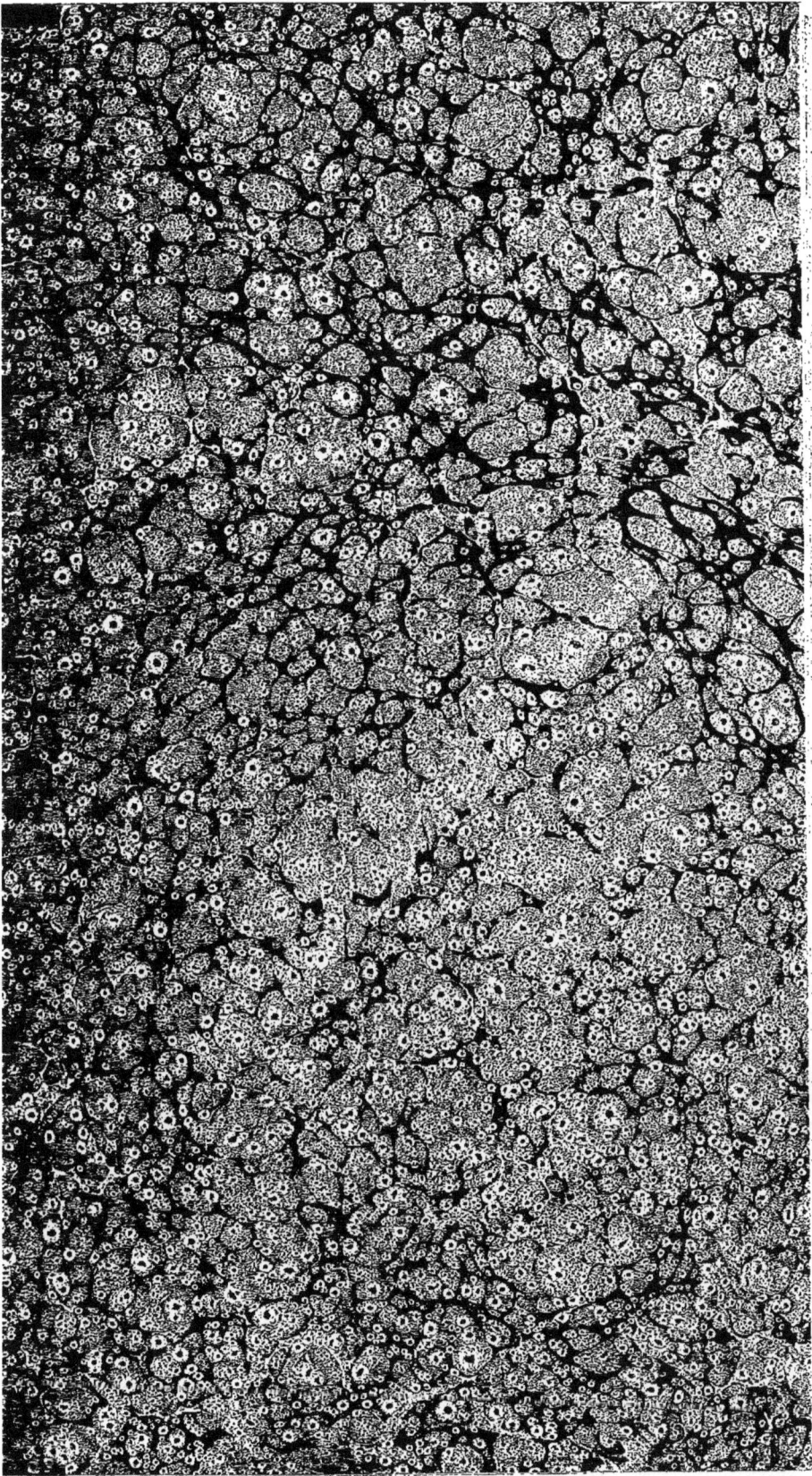

V

32334

PRÉCIS

DES DIVERSES MANIÈRES DE SPÉCULER

SUR

LES FONDS PUBLICS,

EN USAGE A LA BOURSE DE PARIS.

Afin d'éviter la contrefaçon, chaque exemplaire de cet Ouvrage sera revêtu de la signature ci-dessous.

Delaunay

PRÉCIS

DES DIVERSES MANIÈRES DE SPÉCULER

SUR

LES FONDS PUBLICS

EN USAGE A LA BOURSE DE PARIS;

AVEC DES CONSIDÉRATIONS SOMMAIRES SUR LES EFFETS
PUBLICS ET LES FINANCES EN GÉNÉRAL;

Ouvrage utile aux Banquiers, Agens de Change, Négocians,
Courtiers de Commerce, Receveurs de Rentes, Notaires,
Avocats, Avoués, Agens d'affaires, Capitalistes, Propriétaires d'inscriptions sur le Grand Livre, et enfin aux personnes qui désirent spéculer sur les Effets Publics;

Précédé d'une Notice historique sur la compagnie des Agens de
Change, et suivi d'une Table qui indique l'intérêt que rapportent les capitaux placés aux différens cours des fonds.

QUATRIÈME ÉDITION,

REVUE, CORRIGÉE ET CONSIDÉRABLEMENT AUGMENTÉE.

PAR L.-CH. BIZET.

A PARIS,

CHEZ DELAUNAY, LIBRAIRE, PALAIS-ROYAL,

GALERIE DE BOIS, N°. 243.

1821.

OUVRAGES NOUVEAUX

Qui se trouvent chez DELAUNAY, *Libraire.*

————

HISTOIRE DE L'EX-GARDE, depuis sa formation jusqu'à
son licenciement, comprenant les faits généraux des
campagnes de 1805 à 1815, son organisation, sa solde,
ses indemnités; le rang, le service, la discipline, les uni-
formes de ses divers corps; terminée par une Biographie
des chefs supérieurs de la Garde. Un vol. in-8° de plus
de 600 pages.   6 fr.

MES SOUVENIRS, ou les Prisonniers Français en Pologne,
poésies suivies de notes historiques, par J.-B. Thiriet,
officier de la Légion-d'honneur, ex-aide-de-camp. Un vol.
in-8°.   6 fr.

LETTRES SUR PARIS, ou Correspondance pour servir à
l'Histoire du gouvernement représentatif en France, suivies d'une table alphabétique et raisonnée des matières;
par C.-G. Étienne. Deux gros vol. in-8°.   12 fr.

PRÉFACE.

Lorsqu'en 1816 je présentai la première édition de cet ouvrage, les spéculations sur les fonds publics n'étaient connues que d'un très-petit nombre d'individus; beaucoup cependant désiraient les connaître, soit par curiosité, soit par intérêt. Trois éditions épuisées depuis cette époque ont prouvé que j'avais satisfait les désirs de ces derniers.

Plusieurs valeurs nouvelles, plusieurs établissemens publics fondés, les uns par le gouvernement, les autres inhérens aux effets publics et sous leur dépendance médiate ou immédiate, ont nécessité un travail nouveau, des augmentations utiles, des développemens qui avaient été trop restreints dans les éditions précédentes. La quatrième édition que j'offre au public sera donc, par les changemens importans qu'elle contient, un ouvrage presque neuf.

J'ai pensé qu'il ne serait pas sans intérêt de joindre à l'exposé des valeurs qui circulent sur la place et des marchés qu'elles occasionent, une notice historique sur la compagnie des agens de change chargés seuls aujourd'hui de la négociation des effets publics. J'ai pensé de même, que des considérations sur la dette et les finances de l'état étaient susceptibles de répandre quelques lumières sur leur solidité, et de fixer le degré de confiance que l'on pouvait leur accorder. De nombreuses recherches faites dans l'intérêt d'une vérité exacte, m'ont mis à même de donner quelques notions positives sur ces matières.

NOTICE HISTORIQUE

SUR LA COMPAGNIE

DES

AGENS DE CHANGE.

La compagnie des agens de change, banque, finances et commerce, doit son existence à Charles IX. La vénalité des charges établie par François Ier. ne s'étant pas étendue jusqu'aux agens in-
termédiaires du commerce, il était loisible encore
à tout chacun, sous le règne de ce monarque, de
mettre deux négocians d'accord sur le prix d'une
partie d'or, d'argent, de papier de commerce, etc.
et d'en retirer un salaire proportionné à l'impor-
tance de l'opération. Charles IX créa les offices de
courtiers de change et de marchandises, par son
ordonnance du mois de juin 1572, deux mois avant
les massacres de la Saint-Barthélemi. La cruelle

guerre civile qui désolait la France ne permit pas l'exécution de cette ordonnance. Henri IV reprit le dessein de son prédécesseur, et par un édit de 1595 créa 8 offices de courtiers de change et de marchandises pour Paris, 12 pour Lyon, 4 pour Rouen, autant pour Marseille ; un pour chacune des villes d'Amiens, Dieppe et Calais ; et 3 pour les villes de Tours, La Rochelle et Bordeaux. Le nombre des offices fut successivement augmenté pour Paris, en 1620, 1629 et 1633; ils furent portés à 20 en 1634, et enfin à 30 par la dernière création de Louis XIII, en 1638. Le prix de leur finance fut successivement augmenté. L'édit de 1638 avait exigé, indépendamment d'un supplément de finance, que les courtiers de change établissent une bourse commune. Cette exigeance déplut à la compagnie : des remontrances faites par elle, en plein conseil, et soutenues par l'intrigue et au poids de l'or, firent révoquer et le supplément de finance et la bourse commune, par un arrêt du 2 avril 1639. Les courtiers obtinrent, par ce même arrêt, avec la confirmation de l'hérédité de leurs charges, le titre d'agens de banque et de change.

Louis XIV, par son édit du mois de février 1645, créa six nouveaux offices. La compagnie, composée de 36 membres, demeura dans cet état jusqu'au mois de décembre 1705. Le désordre qui existait dans les finances à cette époque, avait fait créer comme ressources, par M. de Chamillart, une foule de charges dont les dénominations, aussi absurdes que méprisables, devaient faire la honte de la nation. Ce fut au milieu de ce désordre qu'un édit du mois de juillet 1705 créa 116 nouveaux agens de change, pour être distribués aux différentes villes du royaume. Paris en eut 16 pour sa part. Afin de faire tolérer cette augmentation d'offices, on permit, par cet édit, aux agens de change d'avoir *quaisse et bureau* ouverts dans leurs maisons, nonobstant les art. 1 et 2 du titre 2 de l'ordonnance de 1673 : mais ils furent forcés de coter les billets et lettres de change qu'ils négocieraient, et leurs courtages furent réglés à $\frac{1}{4}$ p. $\frac{c}{o}$ pour la négociation des deniers comptans, payable moitié par le prêteur et moitié par l'emprunteur. Par ce même édit, les agens de change sont vraiment comblés de biens; ils deviennent de nobles hommes, obtiennent les honneurs du *franc salé*, avec l'exemption des tailles, ustensiles, tutelle, curatelle, etc., etc., toutes charges réservées à la roture. Ce n'était sûrement point assez. et les priviléges qui leur étaient accordés leur parurent probablement insuffisans, car un arrêt du 2 avril 1706 enjoignit à tous les négocians, sous peine de 6000 fr. d'amende, d'avoir à se servir de l'intermédiaire d'un agent de change pour toutes leurs opérations. Jusque-là, il avait été permis aux commerçans de faire leurs affaires entre eux, et la présence d'un agent de change n'était nécessaire que lorsqu'ils voulaient bien la réclamer.

Au mois de juin de la même année, quatorze articles en forme de règlement furent proposés, par les agens de change, pour être observés entre eux et servir de discipline à la compagnie. Ce règlement fut approuvé par lettres-patentes du 3 février 1707. A peine formée sur d'aussi larges bases, la compagnie est renversée; elle est supprimée par un édit du mois d'août 1708.

On rétablit bientôt quarante offices avec les mêmes prérogatives, à l'exception toutefois des *gages*, qui furent portés à 40,000 fr. à répartir entre eux, et du *franc salé* qui fut réduit à un minot. Au mois de novembre 1714, vingt nouveaux offices furent ajoutés aux quarante existans, toujours avec les mêmes prérogatives. Ces soixante conseillers du roi, agens de banque, change, commerce et finance de la ville de Paris, n'existèrent que six années. Ils furent remplacés le 30 août 1720 par soixante nouveaux agens nommés simplement par commission. Les commissionnés ne tardèrent pas à éprouver le sort de leurs devanciers, car les offices furent recréés par l'édit du mois de janvier 1723, avec la restriction de l'exemption des tailles, utensiles, tutelle, curatelle, et même du minot de franc salé.

Le 24 septembre 1724, une bourse de commerce fut établie à Paris ; ce même jour le roi nomma soixante nouveaux conseillers agens de change successeurs des agens commissionnés. Un règlement nouveau, dressé par le conseil, fixa leurs droits. Ce règlement se compose de vingt-cinq articles qui font partie des quarante-un de l'arrêt du conseil. Le nombre des agens fut réduit, de soixante qu'ils étaient, à quarante, par un nouvel arrêt du conseil en date du 22 décembre 1733 ; enfin un édit du 29 mars 1772 réduisit leur finance à 20,000 fr.

Le 21 avril 1791, l'assemblée constituante décréta l'abolition des offices et commissions d'agens et courtiers de change, de banque, de commerce et d'assurances, tant de terre que de mer : l'état d'agent de change devint conséquemment libre ; ce privilége disparut à l'apparition des libertés publiques. Un décret du 27 juillet 1792 maintient les anciens règlemens pour les engagemens et négociations qui ont été faits sous la foi de leur exécution.

Un arrêté du 20 vendémiaire an 4 ordonne que le cours du change sera légalement coté ; et huit jours après, une loi (du 28 vendémiaire an 4) supprime quatre-vingts agens de change, en nomme vingt pour la banque, et cinq pour la vente et l'achat des matières d'or et d'argent. L'article 7 de cette loi rétablit, en quelque sorte, le privilége détruit par l'assemblée constituante ; l'article 14 punit de cinq ans de fers, *l'agent qui fera des affaires pour son compte*, et l'article 15 *défend les marchés à terme et à prime.*

La loi du 28 ventôse an 9 ordonne que les agens de change seront nommés par le gouvernement, et qu'ils seront assujettis à un cautionnement qui ne pourra *excéder* 60,000 fr., et être au-dessous de 6000 fr. Cette même loi les charge seulement de la cote des effets publics. Pour être admis aux fonctions d'agens de change, d'après la loi du 29 germinal suivant, il faut avoir travaillé chez un notaire, banquier, négociant ou agent de change, quatre années au moins, et de plus être présenté par le commerce à la nomination du gouvernement.

Le transfert des effets publics fut confié aux agens de change, par la loi du 27 prairial an 10, et toutes les négociations de leur parquet furent réglées.

Un décret impérial du 17 mai 1809 amène encore quelques changemens ; mais enfin la loi du 28 avril 1816 fixe *définitivement et à toujours* le sort des agens de change. Leur nombre est porté à soixante, leur cautionnement à 125,000 fr., et l'article 91 de cette loi leur permet de présenter leur successeur à l'agrément de sa majesté, avec la réserve toutefois que cette disposition sera réglée *par une loi particulière*. Cette loi est encore à venir, car elle ne peut être remplacée par l'ordonnance du 29 mai 1816.

Deux cent quarante-neuf ans se sont écoulés depuis la création des offices d'agent de change, et dans ce long intervalle de temps leur état a presque toujours été précaire. Rien de positif, rien d'assuré pour eux ; on leur vend un privilége que bientôt on leur reprend pour leur revendre plus cher ; on les anoblit, on les refait roturiers ; leur état devient libre pour redevenir privilégié. Enfin point d'ordonnances, point d'édits, point d'arrêts du conseil, point de décrets, point de lois même qui ne soient transitoires. L'arbitraire se trouve toujours à

la suite de toute cette législation ; un si grand vice
tient à une cause bien simple cependant, et que des
milliers d'intérêts rendent bien compliquée. Dans
les pays où le commerce est le plus en honneur,
comme en Angleterre, en Hollande, la législation
concernant les agens de change n'a pas éprouvé
de changemens. Pourquoi? parce que le privilége
appartient au travail, à l'industrie, et que les
vices qui voudraient l'usurper en sont punis
par la misère. L'autorité n'ayant fait aucune concession, n'a personne à soutenir ; la liberté de se
faire agent de change appartenant à tout le monde,
tous les intérêts et de l'autorité et des individus se
trouvent soumis au droit commun, et la fixité en
devient le résultat nécessaire. Il n'en a pas été de
même en France : le privilége appartenant au gouvernement, *puisqu'il l'a vendu*, est devenu la propriété d'un individu ; mais cette propriété reposant
sur un titre, trop souvent arbitraire, avait besoin des
secours de l'autorité pour le faire valoir. Ces secours
ne s'accordaient qu'au prix de l'or, et devenaient conséquemment onéreux, d'abord aux agens de change
qui se récupéraient bientôt sur le commerce. Réclamations de celui-ci, renversement de ceux-là, nouvelles nominations, nouveaux abus, enfin désordre.

Je conclurai de ceci que, pour donner de la solidité aux institutions humaines, il est indispensable de les asseoir sur une constitution libre ; qu'avec cette base les établissemens qui en découleront seront réguliers et inébranlables, et ajouteront encore à la solidité de l'édifice social ; qu'avec des institutions basées sur l'arbitraire, tous les établissemens qui en découleront auront l'instabilité de l'arbitraire : *Quia semper accessorium sequitur principale.*

EXPLICATION

Des termes employés à la Bourse de Paris dans les opérations sur les fonds publics.

CERTIFICAT D'EMPRUNT. Ce sont les titres délivrés aux personnes qui ont acheté des rentes, 5 pour $\frac{o}{o}$ consolidés, du gouvernement, et qui ne sont payés qu'à des échéances déterminées. Lors du paiement complet, le certificat est échangé contre une inscription sur le grand livre. Le certificat d'emprunt se négocie sur la place.

COUPON, est la portion d'intérêt que le gouvernement fait payer chaque semestre au porteur d'une inscription sur le grand livre de la dette publique. Le *coupon* se détache tous les six mois, les 5 mars et 5 septembre de chaque année, et diminue le prix de la rente de 2 fr. 50 cent.

COURTAGE, est le salaire dû à l'agent de change, pour le récompenser des peines qu'il prend dans les négociations dont il est chargé.

DIFFÉRENCE, est la somme qui se trouve exister entre un ou plusieurs cours des effets publics. On ne spécule, en général, que sur les *différences* dans les marchés à terme.

DONT UN, DONT 3o s., DONT 2 fr., etc. Ce sont les expressions qui s'ajoutent au prix du cours des effets par marchés libres. Elles déterminent la somme de la prime que l'on demande. Ainsi on dit : la rente vaut, par marché libre, 66 fr. *dont un ;* cela signifie, vaut 66 francs dont un franc, ou un pour cent de prime qui doit se payer de suite.

EMPRUNT. On nomme ainsi la vente faite par le gouvernement, d'une partie plus ou moins considérable de rentes, soit à une compagnie, soit directement aux particuliers.

ENGAGEMENS. Ce sont les actes, sous signatures privées, employés pour les spéculations sur les fonds publics, qui lient les parties contractantes et déterminent le mode de leurs opérations et l'époque de leur terme.

ESCOMPTE. L'*escompte* est la faculté réservée à l'acquéreur de rentes par marché ferme ou libre, de se les faire livrer avant le terme convenu, cinq jours après en avoir prévenu le vendeur.

JOUISSANCE, GRANDE JOUISSANCE, PETITE JOUISSANCE. On appelle *jouissance*, en termes de Bourse, les arrérages d'une inscription de rentes. Ces arrérages se paient tous les six mois. On nomme *grande jouissance* le semestre le plus près de son échéance. Le second semestre se nomme *petite jouissance*.

LIQUIDATION, c'est l'époque du terme des marchés fermes et où ils se liquident. La *liquidation* se fait depuis le dernier jour du mois jusqu'au 5 du suivant.

MARCHÉS A TERME OU FERMES. Ce sont les marchés qui se font à terme, et qui se concluent à une époque déterminée. Cette époque est ordinairement la fin du mois dans lequel on a contracté. On les appelle *fermes*, par opposition aux marchés libres.

MARCHÉS LIBRES OU A PRIME. Ce sont les marchés qui ne lient que le vendeur, et qui laissent l'acquéreur libre de consolider l'opération ou de l'anéantir à sa volonté, moyennant une prime ou des arrhes qu'il paie d'avance.

OFFRE ET DEMANDE, sont deux expressions dont on se sert pour connaître le cours des fonds. L'*offre* est le prix auquel on désire vendre, et la *demande* celui auquel on veut acheter. Ainsi le taux moyen entre l'*offre* et la *demande* fixe ordinairement le cours.

PRIME, signifie les arrhes qui se donnent dans les marchés libres.

RENTE AU COMPTANT. On nomme ainsi les rentes qui se vendent et s'achètent au comptant à la criée, depuis deux heures jusqu'à trois, et dont les divers cours sont cotés chaque jour dans les journaux.

REPORT, est l'acte qui reporte un marché ferme de la fin d'un mois à la fin du suivant. C'est le moyen employé pour prolonger une opération. On nomme aussi *report* la différence qui existe entre le cours du comptant et celui de la fin du mois.

TRANSFERT, est l'acte qui transporte une inscription sur le grand livre d'un individu à un autre. Il se fait au trésor public, et doit être signé par le vendeur, l'agent de change et le directeur du grand livre de la dette publique.

PRÉCIS

DES

DIVERSES MANIÈRES DE SPÉCULER,

SUR LES FONDS PUBLICS,

EN USAGE A LA BOURSE DE PARIS.

CHAPITRE PRÉLIMINAIRE.

LES spéculations sur les fonds publics se sont tellement multipliées, que d'une opération simple en elle-même, on en a fait une assez compliquée pour qu'elle méritât d'être expliquée. Le langage de la bourse est un idiôme inconnu aux gens du monde, et la cote publiée chaque jour dans les journaux a bien souvent pour eux toute l'obscurité des hiéroglyphes. En effet, des reports, des rentes fermes, des primes fin courant, fin prochain, à 5o, 8o c., *dont un*, etc., etc. ; à quoi s'appliquent ces termes et quels sont ces marchés ? J'ai essayé de les expliquer le plus méthodiquement qu'il m'a été possible, en divisant ce petit ouvrage en plusieurs chapitres, et les chapitres en sections et paragraphes.

CHAPITRE PREMIER.

Des effets publics.

Il y a plusieurs espèces d'effets publics sur lesquels on spécule à la bourse de Paris. Les principaux sont : Les rentes 5 p. $\frac{0}{0}$ consolidés; les reconnaissances de liquidation ; les bons de la caisse de service ; les actions de la banque ; les obligations et les rentes sur la ville de Paris ; les actions des ponts ; les actions des diverses compagnies d'assurances, enfin l'emprunt d'Espagne.

SECTION PREMIÈRE.

Des rentes ou 5 p. $\frac{0}{0}$ consolidés.

On appelle rente, en général, le produit d'un capital quelconque. A la bourse, on entend par rente, les inscriptions de la dette publique, connues sous les noms de *cinq pour cent consolidés* ou *tiers consolidé.*

Le nom de 5 p. $\frac{0}{0}$ *consolidés* vient de la garantie d'un intérêt de 5 p. $\frac{0}{0}$ que donne le gouvernement, pour un capital non-remboursable qu'il doit, soit aux particuliers, soit aux divers établissemens publics, tels que les hôpi-

taux , la banque de France , la caisse d'amortissement, les communes , etc., etc.

Le nom de *tiers consolidé* vient de la réduction qui a été faite des deux tiers de la
dette publique, par l'art. 98 de la loi du
9 vendémiaire an 6, qui n'a reconnu de solide
et légitimement dû , que le troisième tiers de
cette dette.

Les inscriptions de la dette publique sont
multipliées à l'infini ; elles portent les noms
et prénoms des créanciers du gouvernement ,
ainsi que le montant de la rente qui leur est
due. Cette rente se paie par semestre, savoir :
les 22 mars et 22 septembre de chaque année.
Les arrérages se paient sur la quittance du
porteur de l'inscription , soit à Paris, soit dans
les départemens , au gré du rentier. Toutefois , s'il désire être payé hors Paris , il doit
en faire la déclaration au receveur général du
département où il réside , qui pourvoit à son
paiement , en s'en entendant avec le directeur
du grand livre.

Une inscription ne peut être délivrée si elle
ne porte au moins 50 fr. de rente, au capital
non-remboursable de 1000 fr. (art. 3 de la
loi du 8 nivôse an 6). Les rentes sur l'état
sont insaisissables (art. 4 de la même loi), ex-
cepté pour les comptables des deniers publics.

Bien que le deuxième § de l'art. 529 du
Code civil considère les rentes sur l'état
comme meubles, leur vente est soumise à une
formalité qui leur est particulière. Le transfert est l'acte par lequel se fait la transmission de cette propriété; la loi du 28 floréal
an 7 règle la manière dont il doit être fait ;
les agens de change sont les seuls préposés à
ces actes. On ne peut se passer de leur ministère pour les achats et pour les ventes des
rentes. Ils signent le transfert au trésor, et
certifient l'individualité du vendeur. Cependant les notaires peuvent aussi faire quelques
actes de transfert, lorsqu'il n'y a ni achat, ni
vente : comme dans les donations, les testa-
mens, et lorsqu'un débiteur transporte son
inscription à son créancier pour s'acquitter
avec lui.

La loi du 14 avril 1819, pour faciliter le
classement des rentes émises par les emprunts
de 1816 et 1818, a ouvert des petits grands livres pour chaque département. Le receveur
général de chaque département est chargé
des transferts concernant ces petits grands
livres.

Les inscriptions de rente pouvant être vendues, et leur capital n'étant point remboursable, le prix de ce capital ne peut être éva-

lué que d'après la solidité et la solvabilité du gouvernement. Ainsi donc, il est évident que si le gouvernement est bien établi, que sa dette soit faible, ses ressources grandes, son crédit tendra toujours à s'augmenter ; que s'il est chancelant, que sa dette soit forte, ses ressources médiocres, que des guerres ou des dissensions civiles viennent encore ajouter à sa misère, son crédit devra nécessairement baisser. Voilà, en général, les principes qui déterminent la hausse ou la baisse du prix des rentes. Quelques opérations particulières peuvent momentanément déranger ces principes; mais à la longue tout rentre dans l'ordre, non sans la ruine d'un grand nombre de spéculateurs toujours plus téméraires que sages. Les gouvernemens représentatifs ont nécessairement plus de crédit que les gouvernemens despotiques ou monarchiques, ce qui signifie à peu près la même chose. Dans un gouvernement représentatif, la nation est véritablement débitrice, elle est engagée par ses mandataires; un semblable contrat est inviolable, tous les intérêts s'y rattachent. Dans les gouvernemens où l'arbitraire domine, l'état, c'est le despote ; la dette de l'état est la dette du despote ; or, le jour où il plaît au despote de ne pas payer ses dettes, il est quitte.

L'histoire de France, depuis François Ier jusqu'à 1789, nous donne quelques exemples de
la bonne foi de semblables débiteurs. Les
richesses d'ailleurs, qui contribuent naturellement au crédit, ne naissent qu'avec la liberté ; c'est avec elle que Venise , Gênes , la
Suisse, la Hollande , l'Angleterre et les États-
Unis , ont vu et voient croître leur fortune,
tandis que le reste de l'Europe végétait, et vé-
gète encore, en partie, sous la férule pater-
nelle de ses chefs. Nous en faisons l'épreuve
nous-mêmes ; depuis que la France a pris le
nom de monarchie constitutionnelle, son crédit s'en est accru, elle a trouvé à emprunter,
et ses effets publics sont à un taux que nous
ne devons qu'à la promulgation de la charte.

SECTION II.

Des reconnaissances de liquidation.

LES reconnaissances de liquidation, créées par les lois du 28 avril 1816 et 25 mars 1817, se composent de la masse de l'arriéré des exercices 1810, 11, 12, 13, 14 et 1815 (1). Ces arriérés reconnus et liquidés par les divers ministères auxquels ils appartiennent, se convertissent en *reconnaissances de liquidation*, qui deviennent alors le titre régulier de la créance due par le gouvernement.

Comme les rentes, les reconnaissances de liquidation rapportent un intérêt de 5 p. ⁰/₀ par année; mais elles sont remboursables, à compter de l'année 1821, par cinquième, jusqu'à l'année 1825 (art. 3 de la loi du 25 mars 1817). La série remboursable sera déterminée par le sort, et le remboursement devra être effectué en numéraire, ou à défaut, en inscriptions de rentes au cours moyen des six mois qui auront précédé l'année du rem-

---

(1) L'arriéré antérieur à 1810, c'est-à-dire, l'arriéré de l'an 9 (1801) à 1810 exclusivement, n'est point remboursable en reconnaissances de liquidation, mais en inscriptions sur le grand livre, conformément à la loi du 20 mars 1813.

boursement. La loi du 8 mars 1821 vient de modifier une partie des dispositions de celle du 25 mars 1817, en créant des annuités pour servir au remboursement des reconnaissances, comme on le verra ci-dessous.

Par la loi du 28 avril 1816, les reconnaissances de liquidation étaient ou devaient être nominales; elles n'étaient négociables, sous cette forme, que dans les formes déterminées par la loi pour les cessions d'obligations entre particuliers (art. 13, § 3 de la loi du 28 avril 1816). L'art. 2 de la loi du 25 mars 1817 a changé ce mode, il a rendu les reconnaissances de liquidation payables au porteur, tant pour le principal que pour les intérêts.

Les reconnaissances de liquidation étant au porteur, leur transport s'opère par la simple remise du titre. Elles sont délivrées par coupures de fr. 10,000, 5000, 1000 et au-dessous, pour les appoints des sommes dues. Les reconnaissances de fr. 10,000, sont sur papier rose; celles de fr. 5000 sur papier bleu; celles de fr. 1000 sur papier jaune; enfin celles au-dessous de 1000 fr. sur papier blanc. Les trois premières portent avec elles des coupons d'intérêts payables au porteur; ils se détachent du titre et deviennent eux-mêmes une valeur négociable. Ces intérêts sont payés

tous les six mois, aux mêmes époques que la
rente, c'est-à-dire, les 22 mars et 22 septembre de chaque année. Les reconnaissances au-
dessous de 1000 fr. ne portent pas de coupons
d'intérêts susceptibles d'être détachés. Des
compartimens sont placés au dos de la reconnaissance, ils relatent le nombre des semestres,
à recevoir et leur date. Le payeur du trésor
timbre chaque paiement, comme il le fait
pour les arrérages des rentes.

Les créanciers de l'état, porteurs de reconnaissances de liquidation, conservent la faculté de se faire inscrire immédiatement au
grand livre de la dette publique, pour le
montant de la somme qui leur est due, et seulement pour sa valeur nominale (art. 3 de la
loi du 25 mars 1817). Cette faculté devient
inutile aujourd'hui, car le cours des reconnaissances étant constamment beaucoup plus
élevé que celui des rentes, il est présumable
qu'il se rencontrera peu de personnes dispo-
sées à faire bénévolement une perte.

Le remboursement du premier cinquième
des reconnaissances de liquidation ayant lieu
cette année, le ministre des finances n'a pas
voulu user de la faculté qu'il avait de solder
les porteurs de reconnaissances, en rentes au
cours moyen des derniers six mois de 1820.

Il a voulu payer en numéraire ou en annuités remboursables en six années. La loi du 8 mars 1821 lui a accordé un crédit en rentes 5 p. $\frac{0}{0}$ consolidés, de 3,884,128 fr., avec jouissance du 22 mars 1821. Cette inscription de rente, au cours moyen des six derniers mois de 1820, qui est de 77 fr. 23 c. $\frac{1}{3}$, représente un capital de 60 millions, cinquième des reconnaissances dont l'échéance est arrivée. Par l'art. 2 de cette loi, le remboursement du premier cinquième des reconnaissances de liquidation a dû avoir lieu à compter du 21 mars 1821, en numéraire ou, au choix des porteurs, en annuités payables en six années.

L'art. 3 autorise le ministre des finances à émettre, jusques à concurrence de la somme de 60 millions, des annuités remboursables à raison de 10 millions par an. L'intérêt des annuités ne peut dépasser les arrérages du crédit de 3,884,128 fr. de rentes accordées pour le remboursement (art. 4 de ladite loi).

Une ordonnance du 14 mars 1821 détermine le mode de remboursement du cinquième sorti, qui se compose des numéros qui ont pour finale 1 et 6. Ce remboursement doit s'opérer de trois manières au choix des porteurs. Savoir : en numéraire, en annuités à 6 p. $\frac{0}{0}$ l'an, et en annuités à 4 p. $\frac{0}{0}$ avec primes et lots.

§ Ier.

Du remboursement en numéraire.

L'ARTICLE 3, titre 2, de l'ordonnance du 14 mars
1821 arrête, que le remboursement en numéraire du premier cinquième des reconnaissances de liquidation portant les finales 1 et 6 aura
lieu à compter du 15 avril au 30 juin; à raison
d'un million par jour. Les reconnaissances
appelées en paiement sont connues par une
affiche hebdomadaire qui détermine un ordre
numérique pour les séries de 10,000 fr., de
5000 fr., de 1000 fr., et pour les appoints.
Les intérêts des reconnaissances remboursées
en numéraire doivent être payés conformément aux lois des 28 avril 1816 et 25 mars 1817,
depuis le 22 mars 1821, jusqu'au jour du remboursement en numéraire. Faute par les porteurs d'avoir réclamé leur remboursement,
les intérêts ne seront dûs que jusqu'au 30 juin
(art. 5 de l'ordonnance).

Après le 30 juin, le cinquième des ordonnances, ou lettres d'avis des ministres pour
créances arriérées, sera payé en numéraire,
avec les intérêts calculés conformément à la
loi du 28 avril 1816 (art. 6 *ibid*).

Les porteurs de reconnaissances de 10,000 f.,
de 5000 fr. et de 1000 fr., doivent les présen-

ter au trésor à l'effet de les échanger contre de nouvelles reconnaissances qui porteront des coupons d'intérêts jusqu'au 22 mars 1825 (art. 2 *ibid*).

§. II.

Des annuités.

Les 60 millions d'annuités, dont l'émission est autorisée par la loi du 8 mars 1821, se divisent d'après les demandes, savoir :

En annuités portant 6 p. $\frac{0}{0}$ d'intérêts fixes ; et en annuités portant 4 p. $\frac{0}{0}$ d'intérêt, et donnant droit à la répartition annuelle de 2 p. $\frac{0}{0}$ de primes et lots.

§ III.

Des annuités à 6 p. $\frac{0}{0}$.

Les annuités portant 6 p. $\frac{0}{0}$ d'intérêts par an sont de la somme de 1000 fr. chaque, et numérotées depuis 1 jusqu'à la fin.

Les dix premiers millions d'annuités à 6 p. $\frac{0}{0}$ sont remboursables, en suivant l'ordre numérique, à l'échéance fixe du 22 décembre 1821, et ainsi de suite d'année en année, si leur montant était porté à 60 millions, conformément à l'art. 8 de l'ordonnance précitée.

Aux annuités à 6 p. $\frac{0}{0}$ sont annexés un premier coupon de 45 fr. pour neuf mois d'intérêts, du 22 mars au 22 décembre 1821, et des coupons de 30 fr., payables les 22 juin et 22 décembre de chaque année, et en nombre proportionnel à la durée de leurs échéances.

§ IV.

Des annuités à 4 p. ⁰⁄₀, avec primes et lots.

LES annuités à 4 p. ⁰⁄₀ sont également par coupure de 1000 fr. chaque, et numérotées comme les précédentes.

Des coupons sont annexés à ces annuités; le premier de 30 fr., pour les intérêts du 22 mars au 22 décembre 1821, et dix autres de 20 fr., payables les 22 juin et 22 décembre 1822, 23, 24, 25 et 1826. Lors du remboursement des annuités, les coupons non échus doivent être rapportés et annulés; faute de quoi, leur montant serait retenu sur le capital, parce que les annuités étant remboursables par année, et soumises à un tirage, celles sorties les premières se trouvent chargées de la totalité de leurs coupons, le trésor courrait le risque de payer les intérêts d'un capital remboursé.

Les 2 p. ⁰⁄₀ d'intérêts retenus aux annuités à 4 p. ⁰⁄₀, sont réunis et forment un fonds commun, qui se distribue en primes et lots par six tirages au sort, qui auront lieu chaque année entre les annuités non échues le 1er. no-vembre 1821, jusques et y compris le 1er. no-vembre 1826.

Chaque somme de 600,000 fr. provenant de la réserve de 2 p. ⅌, est divisée en 718 lots, comme il suit :

1	lot	de	50,000 fr.	. . . .	fr.	50,000
2	lots	de	25,000	. . . .		50,000
5	»	de	20,000	. . . .		100,000
10	»	de	10,000	. . . .		100,000
100	»	de	1,000	. . . .		100,000
200	»	de	500	. . . .		100,000
400	»	de	250	. . . .		100,000

718 lots. Somme totale. fr. 600,000

Le tirage des annuités à 4 p. ⅌ a lieu le 1er. décembre de chaque année.

SECTION III.

Des bons de la caisse de service.

Les bons de la caisse de service forment une partie de ce qu'on appelle dans le budget *dette flottante des caisses ;* ce sont des billets à ordre ou au porteur avec une échéance fixe, délivrés par le trésor dans quelques occasions pour servir au remboursement des cautionne-mens ou de toute autre dette, mais le plus souvent pour subvenir à ses propres besoins.

Dans ce dernier cas, les bons de la caisse de service ne sont, à proprement parler, qu'un papier de circulation.

Les bons de la caisse de service sont ordinairement à l'échéance de six mois, et portaient, il y a quelques années, 6 p. ⁰/₀ d'intérêt. L'abondance du numéraire a fait diminuer cet intérêt; aujourd'hui les capitalistes les recherchent à 4 p. ⁰/₀ l'an. Dans les années 1815 et 1816, ces valeurs ne pouvaient se négocier qu'à 2 ou 3 p. ⁰/₀ de perte par mois.

SECTION IV.

Des actions de la banque de France.

On appelle *action de la banque*, la partie du capital qu'un individu a versé à la banque lors de son établissement, pour la mettre à même de faire ses opérations.

Dans l'origine, le fonds capital de la banque était de 30 millions de francs, divisés en 30,000 actions de 1000 fr. chaque (art. 14 des statuts fondamentaux). La loi du 24 germinal an 11 porta ce capital à 45 millions, en augmentant le nombre des actions de 15,000, et fixa à 15 années la durée du privilége accordé à cette société anonyme. La loi du 22 avril 1806 prorogea la durée du privilége jus-

qu'au 22 septembre 1843 , à cause des facili-
tés que trouvait le trésor pour la négociation
de ses valeurs par le moyen de la banque. Le
1er. janvier 1808 la banque de France fut autorisée à émettre 45,000 nouvelles actions.
Le capital de ces nouvelles actions fut porté à
1200 fr. par action, au lieu de 1000 fr. Pour
faire participer les 45,000 premières actions
à un dividende égal aux dernières créées , on
ajouta à chacune d'elle 200 fr. pris sur les réserves alors existantes. Le capital de la banque se monte donc à 108 millions , sans y comprendre les réserves qui se font chaque année
sur les bénéfices. La banque ayant racheté
22,100 de ses actions, il n'en reste plus aujour-
d'hui en circulation que 67,900.

Le dividende annuel se forme , 1°. d'une répartition de 6 pour $\frac{0}{0}$ du capital originaire de
1000 fr. par action ; 2°. d'une autre réparti-
tion égale aux $\frac{2}{3}$ du bénéfice excédant les 6 p. $\frac{0}{0}$
prélevés. Le dernier tiers est mis en réserve.
Le dividende se paie par semestre, les 1er. janvier et 1er. juillet de chaque année.

Dans le cas où la banque n'aurait point fait
assez d'affaires pour assurer un intérêt de
6 p. $\frac{0}{0}$ pour le capital primitif de 1000 fr. l'action , elle complète cet intérêt par un prélèvement qu'elle fait sur ses réserves , de telle ma-

nière que le dividende ne peut être moindre de 30 fr. par semestre.

La loi du 4 juillet 1820 ayant ordonné la répartition des réserves acquises en exécution de la loi du 22 avril 1806, et le montant de ses réserves étant, au 31 décembre 1819, de 13,768,527 fr. 96 centimes, déduction faite de 3,875,472 fr. 4 centimes pour l'acquisition du palais de la banque et de ses dépendances, il a été payé une somme de 202 fr. par action à leurs porteurs. Les réserves antérieures à la loi du 22 avril 1806, montant à la somme de 7,760,650 fr. 76 centimes, sont provisoirement conservées.

Le transfert des actions s'opère sur la déclaration du propriétaire présenté par l'un des agens, accrédité et désigné par la banque (tous MM. les agens de change sont reconnus). Ces agens sont garans de la validité des déclarations (§ 3 et 4 de l'article 17 des statuts). Les oppositions au transfert des actions doivent être signifiées et visées à la banque.

Le décret du 1er. mars 1808 admet les actions de la banque à la formation des majorats.

Les opérations de la banque consistent :

1°. A escompter des lettres de change et billets à ordre revêtus de trois signatures de ci-

toyens français et de négocians étrangers ayant
une réputation notoire de solvabilité ;

2°. A se charger, pour compte de particuliers et pour celui des établissemens publics,
de recouvrer le montant des effets qui lui
sont remis, et à faire des avances sur les re-
couvremens de ces effets, lorsqu'ils paraissent
certains ;

3°. A recevoir en compte courant tous dépôts et consignations, ainsi que les sommes
en numéraire, et les effets qui lui sont remis
par des particuliers ou des établissemens publics ; à payer pour eux les mandats qu'ils ti-
rent sur la banque, ou les engagemens qu'ils
ont pris à son domicile, et ce, jusqu'à concurrence des sommes encaissées à leur profit ;

4°. A émettre des billets, payables au porteur et à vue.

Ces billets doivent être émis dans des propor-
tions telles, qu'au moyen du numéraire réservé
dans les caisses de la banque et des échéances
du papier de son portefeuille, elle ne puisse,
dans aucun temps, être exposée à différer le
paiement de ses engagemens, au moment où
ils lui sont présentés. Si dans des momens de
calamités on a vu la banque retarder l'échange
de ses billets, cela a tenu à la simultanéité de
la présentation de la totalité des billets émis,

et dont la valeur représentée par le papier du portefeuille de la banque n'existait point chez elle en numéraire, mais était néanmoins bien garantie par les signatures de négocians notables, tous débiteurs à échéance fixe plus ou moins rapprochée, et dont toutefois la plus longue ne dépassait pas quatre-vingt-dix jours.

Toute espèce de commerce est interdit à la banque, hors celui des matières d'or et d'argent. Elle ne peut escompter les effets dérivant d'opérations qui paraîtraient contraires à la sûreté de l'état, les effets qui résultent d'un commerce interlope et les effets créés collusoirement entre les signataires, sans cause ni valeur réelle.

Le taux de l'escompte de la banque est de 4 p. ⁰/₀ l'an; la plus longue échéance accordée au papier qu'elle prend est de 90 jours.

Bien des gens s'étonnent de ce que, la banque ne prenant qu'un intérêt de 4 p. ⁰/₀, elle puisse en donner un de 6 et souvent de 7 à ses actionnaires. Cela paraît, en effet, surprenant au premier aperçu, mais lorsqu'on réfléchit qu'elle a le privilége de battre monnaie par le moyen de ses billets à vue et au porteur, l'étonnement cessera. La banque ne paie les valeurs qu'elle prend qu'avec son papier; ce papier circule dans Paris comme le numé-

raire, et jouit du même crédit : par cette opération, elle a la faculté de doubler son capital
et conséquemment ses affaires. Or, en dou-
blant l'intérêt de 4, on a trouvé la solution
de ce problème. Si l'on ajoute à cet avantage,
les commissions que reçoit la banque pour le
paiement des arrérages des 5 p. $\frac{0}{0}$ consolidés
et des reconnaissances de liquidation, et de
plus, le bénéfice, qu'elle fait sur l'intérêt de
l'intérêt par le moyen de son escompte qui se
retient toujours en dedans, on concevra facilement la cause de l'élévation de ses dividendes.

Je dois signaler un abus qui s'est introduit
dans l'administration de la banque, et c'est
avec regret que je me vois forcé d'en parler.

Le fonds capital de la banque est en partie
employé en rentes sur l'état : mais ceci a été
fait contre son gré ; il y avait force majeure.
L'abus dont il est question ici, consiste dans
la tropgrande confiance accordée, par la banque, aux bons de la caisse de service, et dans
les prêts faits sur dépôts d'effets publics. Elle
n'a pas pensé, sans doute, qu'il n'existe point
de moyens coërcitifs à employer pour se faire
payer du gouvernement, et que l'échange fait,
par le ministre des finances, de bons de la
caisse de service contre des billets de banque,

rendrait cette dernière valeur un veritable papier-monnaie, s'il se présentait au remboursement dans un moment de crise; car la valeur représentant le billet de banque, ne reposant que sur des bons de la caisse de service ou des dépôts d'effets publics non payés, ne pourrait être représentée en écus le jour du danger. On opposera à ces raisons que les prêts sur dépôt de rentes ou reconnaissances de liquidation sont assurés, attendu l'évaluation de ces effets, qui est, en général, à 10 p. $\frac{o}{o}$ au-dessous du cours de la bourse. Je répondrai que le risque n'en existe pas moins, parce que s'il arrivait un malheur, soit politique, soit financier, et qu'une grande baisse en fût le résultat, non-seulement les capitaux de la banque seraient en danger, mais encore, pour essayer de les en tirer, elle ruinerait la place, en forçant la baisse par les grandes ventes qu'elle serait dans la nécessité de faire. Ces réflexions ne sont nullement critiques, mais avancées comme pouvant être de quelque utilité aux administrateurs comme aux actionnaires de la banque.

SECTION V.

Des obligations de la ville de Paris.

LES obligations de la ville de Paris, auto-
risées par l'ordonnance du 14 mai 1817, sont
au nombre de 33,000, de 1000 fr. chaque.
Elles sont remboursables dans l'espace de
douze années, à partir du 1er. octobre 1817,
et portent un intérêt de 6 p. % par an, payable
par trimestre; elles jouissent, en outre, d'une
prime dont la quotité se trouve déterminée
par le sort, dans la proportion fixée par le
tableau annexé à l'ordonnance précitée du 14
mai 1817.

Le remboursement des obligations et le paiement des primes ont lieu tous les trois mois,
par suite d'un tirage qui se fait à l'Hôtel-de-
Ville, un mois avant l'ouverture de chaque
trimestre, en présence du préfet de la Seine,
de deux membres du conseil municipal, et de
deux maires de Paris, désignés chaque année
par le ministre de l'intérieur et le procureur
général de la cour des comptes. Les rembour-
semens et paiemens doivent être effectués au
1er. juillet 1829, en quarante-huit paiemens
égaux.

Ces valeurs ont donné lieu à diverses spéculations. La chance des primes, la bizarre-

rie de la fortune, l'espérance d'un grand bénéfice, le besoin d'améliorer son sort avec le
moins de peine possible, ont fait négocier les
obligations de la ville de Paris dans peu de
temps. Cependant, les gens sages qui les possèdent, et qui ne veulent pas courir de chances, ont le soin de faire assurer leurs obligations chez MM. Hentsch, Blanc et compagnie,
banquiers, rue Basse-du-Rempart, n°. 40 ;
c'est-à-dire, que cette compagnie prend l'engagement, dans le cas où une obligation sorti-
rait avec une petite prime, de donner, contre
cette obligation sortie, une nouvelle obligation pour laquelle la chance est conservée.
Ce moyen obvie au grave inconvénient qui
résulterait d'un remboursement pur et simple
de l'obligation ; car ces valeurs ayant acquis
le prix de 1300 fr. chaque, et la ville de Paris
ne devant que la somme de 1060 fr., tant en
capital qu'en intérêts et primes, le porteur de
l'obligation perdrait 240 fr. Avec une légère
prime, la compagnie Hentsch, Blanc, garantit, presque, une des chances les plus fa-
vorables.

Les obligations de la ville de Paris sont au
porteur : les coupons d'intérêts sont joints au
titre ; ils s'en détachent chaque trimestre, et
l'intérêt se paie, sur la simple remise du cou-

pon, à la caisse municipale, rue d'Anjou Saint-Honoré, n° 11.

SECTION VI.

Des rentes sur la ville de Paris.

Les ordonnances des 13 septembre et 4 octobre 1815, 15 janvier 1817, avaient autorisé la ville de Paris à créer 1,500,000 fr. de rentes perpétuelles au denier vingt. Le produit de la vente de ces rentes devait servir à acquitter les dépenses occasionées par le séjour des alliés, en 1815, et par les intempéries de 1816. Mais la ville de Paris n'ayant pu négocier que 212,000 fr. de rentes, elle fut forcée de créer les obligations relatées en la section précédente. Les 1,288,000 fr. de rentes non vendues sont déposées à la caisse d'amortissement, aux termes de l'ordonnance du 14 mai 1817, pour servir de garantie aux paiemens desdites obligations.

Les 212,000 fr. de rentes en circulation sont au porteur, et divisés en coupons de 250 fr. Les intérêts se paient par semestre, savoir, les 1er. janvier et 1er. juillet de chaque année, à la caisse municipale, sur la présentation du coupon de rente et de la quittance du porteur : cette quittance doit être visée par le contrôleur des rentes. On en délivre de tout imprimées, et *gratis*, à l'Hôtel-de-Ville, où il est nécessaire, dans tous les cas, de se présenter pour obtenir le visa du contrôle.

SECTION VII.

Des actions des ponts.

La loi du 24 ventôse an 9, et l'arrêté du 4 thermidor an 10, autorisèrent la création d'une compagnie qui se chargea de construire les ponts d'Austerlitz, des Arts et de la Cité, moyennant un péage dont la durée est fixée jusqu'au 30 juin 1897. Cette association créa 3780 actions de 1000 fr. chaque. Leur dividende se fixe par trimestre en assemblée générale des intéressés. Ce dividende est composé de la totalité des recettes, moins $\frac{1}{30}$, qui se retient depuis l'année 1811. Ce trentième est divisé de la manière suivante : $\frac{1}{3}$ est affecté aux frais d'administration et d'entretien des ponts, et les deux autres tiers sont accumulés pour former un capital propre à rembourser la valeur des actions au jour de l'extinction de l'association, c'est-à-dire, le 30 juin 1897.

Le dividende se paie par trimestre, sur la présentation du titre, aux 1ers. janvier, avril, juillet et octobre de chaque année, à la caisse de l'administration, rue du Bouloy, n°. 26.

SECTION VIII.

Des actions d'assurances.

Il existe à Paris plusieurs maisons d'assurances, dont l'institution s'applique, soit au
commerce maritime, ou tout autre commerce;
soit à garantir de l'incendie, soit enfin à la
garantie de la vie des hommes. Chaque compagnie a créé un certain nombre d'actions,
qu'il est nécessaire de faire connaître, pour
que le public puisse juger de leur plus ou
moins de solidité.

§ Ier.

Des actions de la compagnie royale d'assurances
maritimes.

La compagnie royale d'assurances, autorisée par l'ordonnance du 11 février 1820, a
fixé son capital à la somme de dix millions,
divisés en 2000 actions de 5000 fr. chaque.
Les actionnaires ne sont pas tenus de verser
la totalité du prix de l'action, ils contractent
seulement l'obligation de la fournir, si cela
devenait nécessaire. Ils doivent indiquer un
domicile à Paris, et transférer à la compagnie, pour sa garantie, 100 fr. de rente 5 p. ½
consolidés. Les actionnaires ne sont responsables des engagemens de la compagnie, que

jusqu'à concurrence du prix de leurs actions.

Ces actions sont nominales et inscrites sur les registres de la société; l'individu qui veut être admis au nombre des actionnaires ne peut y parvenir qu'après une délibération du conseil d'administration de la compagnie, au scrutin secret et à la majorité des trois quarts des votans ; néanmoins, s'il consent à transférer à la compagnie une somme de rentes équivalente à la valeur de l'action, son admission ne souffre aucune difficulté. Les intérêts des rentes transférées en garantie à la compagnie, sont répartis aux actionnaires aussitôt leur perception.

La transmission de la propriété des actions s'effectue par de simples transferts sur des registres doubles tenus à cet effet. La simple déclaration de l'actionnaire ou de son fondé de pouvoir, signée sur les registres et certifiée par un administrateur, complète cette opération.

Les bénéfices s'établissent annuellement; ils résultent d'un inventaire qui doit être terminé le 31 décembre de chaque année. Sur ces bénéfices, un quart au moins, ou la moitié au plus, est mis en réserve, pour accroître le capital; cette réserve cessera d'avoir lieu lorsqu'elle aura atteint la somme de 2,500,000 fr. Mais il en sera conservé une qui ne pourra être au-dessus du quart, ni au-dessous du huitième des bénéfices annuels. Les excédans dans les deux cas sont distribués aux actionnaires.

§ II.

Des actions de la compagnie royale d'assurances contre l'incendie.

L'ORDONNANCE du 11 février 1820, qui a autorisé la compagnie royale d'assurances maritimes, a donné en même temps l'autorisation à la compagnie royale d'assurances contre l'incendie de s'établir. Les bases sur lesquelles sont fondées cette compagnie sont les mêmes que celles de la précédente, à l'exception du transfert de rentes, qui se trouve réduit à 50 fr. La part des bénéfices à répartir aux actionnaires ne peut être au-dessous du tiers ni au-dessus de leur moitié. Sa réserve étant arrivée à la somme d'un million de francs, ne sera plus que d'un huitième au moins et d'un quart au plus.

§ III.

Des actions de la compagnie royale d'assurances sur la vie des hommes.

Les statuts de cette compagnie, autorisée aussi par la même ordonnance du 11 février 1820, sont à peu près semblables à ceux des deux compagnies précédentes. Le fonds capital est de 3o millions de francs, divisé en 6ooo actions de 5ooo fr. chaque. La réserve à faire sur les bénéfices doit se monter à un million. Le conseil d'administration peut différer la répartition des bénéfices pendant une ou plusieurs années, s'il en démontre l'utilité.

Les bureaux des trois compagnies d'assurances royales maritimes, contre l'incendie et sur la vie des hommes, sont situés rue de Richelieu, n°. 104.

§ IV.

Des actions de la compagnie d'assurances générales maritimes.

Les ordonnances des 22 avril et 2 septembre 1818, ont autorisé l'établissement de la compagnie d'assurances générales maritimes.

Le fonds capital de cette société est de 5,000,000 de francs; il est divisé en deux natures d'actions, savoir : en 300 actions de 12,500 fr. chaque, et en 1000 de 1,250 fr.

Les actions de fr. 12,500 sont nominatives et ne peuvent être transférées qu'avec le consentement du conseil d'administration. Le cinquième de leur valeur doit être payé au moment de leur délivrance, soit en espèces, soit en effets publics transférés au nom de la compagnie; il est loisible au porteur de l'action de ne fournir les $\frac{4}{5}$ restans qu'en obligations directes non négociables, mais payables aussitôt la présentation de la compagnie.

Les étrangers sans domicile fixe en France, ou qui n'y possèdent pas d'immeubles suffisans, doivent, s'ils veulent se rendre actionnaires, transférer à la compagnie une somme d'effets publics équivalente au prix total de l'action.

Les actions de fr. 1250 sont au porteur, leur valeur se paie comptant.

Les porteurs d'actions nominatives conservent toujours la faculté d'en acquitter plus d'un cinquième; dans ce cas, les intérêts des nouveaux cinquièmes versés ne courent qu'à dater du semestre qui suit leur paiement. Il est encore loisible à l'actionnaire nominatif de convertir en effets publics les cinquièmes qu'il aurait comptés en argent, mais alors il n'a droit à aucun intérêt pour le temps couru dans le semestre où il ferait cette opération.

Les actionnaires au porteur, comme les actionnaires nominatifs, ne sont engagés que jusqu'à la concurrence de la valeur de leurs actions.

Deux et demi pour cent sont prélevés chaque semestre, sur les bénéfices, pour servir les intérêts des actions au porteur et des fractions d'actions nominatives payées en argent.

Les effets publics remis en dépôt ne sont point susceptibles d'intérêts : les dividendes ou coupons qui proviennent de ces effets sont remis à leurs propriétaires aussitôt leur perception.

Les intérêts ci-dessus payés, il se fait un prélèvement de $\frac{1}{8}$ sur les bénéfices nets acquis par l'extinction des risques qui les ont produits ; ce $\frac{1}{8}$ forme un fonds de réserve au profit de la société. Sur les $\frac{7}{8}$ restant, à la fin de chaque année, après avoir compensé ou cumulé les pertes ou les bénéfices des deux semestres, on prend 2 p. °, qui sont distribués par le conseil d'administration en actes de bienfaisance. Ensuite, le résultat des bénéfices nets est réparti au centime le franc entre les actions au porteur et les actions nominatives ; toutefois, la portion revenant aux ac-

tions nominatives non payées en argent ou re-
présentées par un dépôt d'effets publics, ne
sera point soldée aux actionnaires ; elle sera
portée à leur crédit, et viendra en déduction
de leurs engagemens. Cette portion dont les-
dits actionnaires seront crédités sera susceptible d'intérêts aux semestres suivans.

§ V.

*Des actions de la compagnie d'assurances générales
contre l'incendie.*

La compagnie d'assurances générales contre
l'incendie est autorisée par les ordonnances
des 14 février et 20 octobre 1819. Le capital
de cette société se monte à 2 millions de
francs, qui se divisent en 300 actions de
5000 fr., et 1000 de 500 fr. Les actions de
5000 fr. sont nominatives ; les actions de 500 fr.
sont au porteur. Toutes les dispositions relatives à ces actions sont les mêmes que celles
expliquées dans le § précédent.

§ VI.

*Des actions de la compagnie d'assurances générales sur
la vie des hommes.*

Cette compagnie a reçu son autorisation par
l'ordonnance du 22 décembre 1819 ; son capital est de 3 millions de francs, divisés en

3oo actions de 75oo fr., et 1ooo de 75o fr. Les actions de 75oo fr. sont nominatives, et celles de 75o fr. sont au porteur. Toutes les dispositions relatées au § 4 leur sont applicables.

Les bureaux des trois compagnies d'assurances générales, désignées dans les trois § qui précèdent, sont situés rue de Provence, n°. 19.

§ VII.

Des actions de la compagnie commerciale d'assurances.

La compagnie commerciale d'assurances, autorisée par l'ordonnance du 22 avril 1818, assure les risques de mer, de navigations intérieures et de transports par terre; son capital est de 4 millions de francs, divisés en 400 actions nominatives de 8000 fr., et 800 de 1000 fr.

Le quart seulement du montant de l'action nominative se paie au moment de sa délivrance, et les trois autres quarts se règlent par les obligations du titulaire à la compagnie, exigibles à cinq jours de vue. A défaut de numéraire, le premier quart peut être remplacé par un dépôt d'effets publics, mais avec l'obligation de le remplacer en numéraire dans la caisse de la compagnie, sur la demande du conseil d'administration.

Il est loisible à tout actionnaire d'acquitter à sa volonté, en numéraire, les obligations qu'il a souscrites à la compagnie pour les trois quarts du prix de son action, de même que de remplacer le dépôt qu'il a pu faire d'effets publics par de l'argent; mais alors les intérêts ne courent à son profit qu'à dater de l'inventaire du semestre qui suit son versement.

Les actions nominatives ne peuvent être vendues qu'avec le consentement du conseil d'administration.

Les actions au porteur sont payées en totalité argent comptant.

Le dividende est fixé tous les six mois, et réparti ainsi qu'il suit; savoir : pour les actions nominatives, un intérêt de 5 p. ⁰⁄₀ par an, seulement sur la somme versée en numéraire, après avoir déduit la retenue délibérée par l'assemblée générale des actionnaires, la totalité du bénéfice acquis à chaque action nominative. Cette retenue est portée au crédit de l'action non payée en numéraire, et en déduction des obligations qui y sont relatives; elle porte, en plus, intérêt à dater du semestre suivant. Lorsque les retenues sont suffisantes pour l'acquittement complet des obligations, ces dernières sont remises à leurs souscripteurs. Les actions nominatives entièrement payées en numéraire ne sont soumises à aucune retenue.

Pour les actions au porteur :

Un intérêt de 5 p. $\frac{0}{0}$ sur le capital versé en totalité argent comptant ;

La totalité du bénéfice, en proportion de l'action nominative, et sans retenue.

Les bureaux de la compagnie commerciale d'assurances sont situés rue Saint-Marc, n°. 4.

§ VIII.

Des actions de la compagnie française du Phénix.

L'ORDONNANCE du 1er. septembre 1819 a autorisé l'établissement de la compagnie française du Phénix. Son but est d'assurer toutes les valeurs susceptibles d'être détruites par l'incendie. Le capital primitif de cette société se compose de fr. 400,000 en numéraire, et de 180,000 fr. de rentes sur le grand livre; il se divise en actions au porteur de 100 fr. argent, et 45 fr. de rentes, et forme la première série. La compagnie promet de porter son capital à 1,080,000 fr. de rentes, et 2,400,000 fr. en numéraire; ce qui donnera lieu à cinq nouvelles séries de 4000 actions chaque, de même valeur et de même espèce que les premières. Il n'existe encore que la première série ; la seconde ne pourra s'établir que lorsque la réserve prélevée sur les bénéfices se montera à 200,000 fr.

Il est loisible aux porteurs d'actions de les rendre nominales et transférables , bien qu'elles soient au porteur; il suffit pour cela de faire une déclaration sur un registre tenu à cet effet à la direction de la compagnie, sise rue Neuve-des-Capucines, n°. 13.

Le dividende se paie par semestre, et se compose de la totalité des bénéfices, moins un quart mis en réserve et employé en rentes sur l'état. Dans les cas où la réserve serait épuisée, et le capital de la compagnie entamé, on ne distribuerait aucun dividende ; tous les bénéfices alors seraient réservés pour rétablir le capital au complet. Si des malheurs consécutifs réduisaient le capital de la compagnie des trois quarts, et que les actionnaires ne voulussent pas le reconstituer , la compagnie se dissoudrait et cesserait toute opération. Le quart restant demeurerait pour la garantie des assurés, jusqu'à l'extinction de la dernière assurance.

Dans le cas où la réserve se monterait à la somme de 3 millions, les retenues ne s'exerceraient plus que d'un cinquième sur les bénéfices , et si elle s'élevait jusqu'à la somme de 12 millions, toute retenue cesserait.

Les arrérages des rentes transférées à la compagnie par les actionnaires, ne sont pas considérés comme des bénéfices, et sont remis chaque semestre aux porteurs d'actions, sans frais. Il en est de même de l'argent versé ; il est productif d'un intérêt de 6 p. $\frac{0}{0}$ par année, payé tous les six mois par la compagnie.

Le Moniteur du 27 août 1821 a annoncé au public que la compagnie française du Phénix s'était réunie à la compagnie royale d'assurances contre l'incendie, par acte du 24 du même mois, sous le titre de *compagnie royale et du Phénix.* Les statuts de ces deux compagnies sont conservés tels qu'ils étaient avant leur réunion.

CHAPITRE 11.

*Des établissemens philanthropiques et financiers
relatifs aux effets publics.*

Il existe dans Paris plusieurs établissemens
dont le but est, pour les uns, purement phi-
lanthropique, et pour les autres, une sorte de
spéculation financière. Comme ces établissemens emploient les capitaux qui leur sont
confiés en rentes sur l'état, ils doivent naturellement prendre place dans cet ouvrage. Il
existe, en outre, des sociétés de prévoyance et
de secours mutuels entre les ouvriers de divers
états, qui mettent en commun leurs économies journalières, pour en employer le produit à soulager les ouvriers infirmes, ou ceux
momentanément sans travail, les vieillards,
les malades, les veuves, les orphelins, etc., etc.
Ces sociétés sont au nombre de plus de 80, et
comptent déjà plus de 5000 souscripteurs. Leur
nombre ne permet pas de donner de plus
grands détails sur ces utiles établissemens : il
ne sera question ici que de la caisse d'épargnes
et de prévoyance ; de la tontine perpétuelle
d'amortissement ; de la caisse de survivance

et d'accroissement, avec remboursement de
capitaux ; de l'association viagère en rentes
sur l'état, avec accroissemens fixes et régénération sur d'autres têtes; enfin, de l'agence
générale des placemens viagers et temporaires
ou libres sur les fonds publics.

SECTION PREMIÈRE.

De la caisse d'épargnes et de prévoyance.

On doit cet utile et respectable établissement aux honorables sentimens d'humanité
qui animent le commerce de la capitale; il a
été fondé par ses plus riches négocians, sous la
présidence de M. le duc de La Rochefoucauld,
c'est dire , sous la présidence de la plus
haute vertu, de la plus sévère probité, de la
plus ardente philanthropie.

Cette admirable institution a été autorisée
par l'ordonnance du 29 juillet 1818. L'administration en est gratuite, les frais étant cou-
verts par une dotation de 12,000 fr. de rentes,
fournie par ses fondateurs et autres personnes
généreuses.

La caisse d'épargnes et de prévoyance est
ouverte à toutes les classes de la société ; elle
reçoit depuis 1 jusqu'à 600 fr. L'intérêt est
de 5 p. % par an, et se règle à la fin de chaque
mois, pour être ajouté au capital et repro-

duire de nouveaux intérêts. Lorsque les sommes versées par un déposant sont suffisantes
pour acquérir 5o fr. de rentes sur le grand
livre, le transfert s'en fait en son nom, au
cours moyen du jour qui a précédé le dernier
versement.

Il est toujours loisible aux personnes qui
ont déposé des fonds non convertis en rentes,
comme à ceux qui ont des inscriptions, de les
retirer à leur volonté en prévenant seulement
huit jours d'avance.

On ne peut trop recommander au public
laborieux et prévoyant de porter le fruit de
ses économies dans cette caisse; il est assuré,
avec cette précaution, d'un avenir auquel, trop
souvent, ses occupations ne lui permettent pas
de penser.

Les bureaux de la caisse d'épargnes et de
prévoyance sont situés rue de la Vrillière,
n°. 5, et sont ouverts tous les dimanches, depuis dix heures jusqu'à deux heures.

SECTION II.

De la tontine perpétuelle d'amortissement.

L'ÉTABLISSEMENT de la tontine perpétuelle
d'amortissement est purement financier. Son
institution a pour but d'offrir des chances de
grands intérêts moyennant de petits capitaux,

d'échanger la médiocrité contre l'aisance, l'aisance contre la fortune, et la fortune contre rien; car, *post mortem nihil.*

La tontine perpétuelle d'amortissement, autorisée par l'ordonnance du 10 mars 1819, se compose d'actionnaires viagers, divisés en huit classes déterminées par l'âge.

La première classe comprend les actionnaires nés depuis le 1er. janvier 1760, jusqu'au 1er. janvier 1770 exclusivement; la seconde, de 1770 à 1780; la troisième, de 1780 à 1790, et ainsi de suite jusqu'à la huitième. A partir de 1830, il sera ouvert une nouvelle classe, et successivement de dix ans en dix ans.

Chaque classe doit contenir une ou plusieurs séries.

Une série se compose de 100,000 actions, qui ne peuvent être prises que par des individus de la classe à laquelle ils appartiennent.

Une série se ferme aussitôt que le nombre de ses actions est complet; mais il en est ouvert une nouvelle en même temps. Elle est close, dans tous les cas, remplie ou non, après un laps de cinq ans.

La mise de fonds, pour chaque action est de 100 fr., lorsqu'elle est prise dans le premier semestre de l'ouverture d'une série. Cette mise s'augmente, pour chaque action prise dans les

semestres suivans, d'une somme égale au capital de tous les accroissemens déjà acquis à
chaque action dans le semestre précédent,
la mise calculée sur le pied du denier vingt.

Il est dû, en outre, pour chaque action, une
commission de 5 p. $\frac{o}{o}$ de la mise, à l'administration.

Les capitaux provenant des mises des actionnaires sont placés le lendemain même de
leur versement à la caisse de la tontine, et
employés en acquisitions de rentes sur l'état.

Les fonds appartenant à chaque série sont
soigneusement distingués, et les inscriptions
sont immatriculées au nom de la série à laquelle elles appartiennent.

Les intérêts des actionnaires consistent en
un dividende qui se compose, pour chaque
série, indépendamment de la masse des arrérages de toutes les inscriptions de rente
achetées pour le compte de cette série, des
extinctions des actions, causées soit par la
mort, soit par la disparition des actionnaires.
Sur le produit des extinctions, il est prélevé,
au profit des administrateurs, un dixième de
sa valeur, le reste appartient aux actionnaires.

On voit par cet exposé, que le dernier vi-
vant de chaque série peut hériter de 4 ou
5oo,ooo livres de rentes; mais à sa mort,

toutes ces rentes sont acquises au gouvernement et servent à amortir sa dette. C'est une
grande générosité, elle est sans doute très-na-
tionale, cependant un gouvernement paternel ne doit ni ne veut dépouiller ses enfans
de leur légitime héritage, et l'on ne sait trop
pourquoi l'administration de la tontine a pro-
digué d'une manière aussi libérale, un patri-
moine propre à répandre l'aisance dans un
grand nombre de familles. Serait-ce pour
l'intérêt de 5 p. $\frac{0}{0}$ qu'elle prélève sur les mises
des actionnaires? Serait-ce pour le dixième
des extinctions? on ne doit pas le penser. Il y
a eu de la part des administrateurs distrac-
tion, manque de réflexion, et c'est tout. Ceci
est tellement vrai que, par d'utiles démar-
ches, ces messieurs sont sur le point d'obtenir du gouvernement la restitution des rentes
aux héritiers de l'actionnaire survivant. Cette
concession accordée réparera un des principaux vices de la tontine.

Chaque semestre, l'actionnaire doit présenter un certificat de vie pour toucher ses
dividendes, qui se paient les 1er. juillet et
1er. janvier de chaque année.

La cour des comptes est chargée de l'apu-
rement des comptes de chaque semestre. C'est
une grande garantie donnée aux actionnaires.

Les bureaux de la tontine perpétuelle d'a-
mortissement sont situés rue de Richelieu,
n°. 89.

SECTION III.

De la caisse de survivance et d'accroissement avec rem-
boursement de capitaux.

La caisse de survivance et d'accroissement,
autorisée par l'ordonnance du 8 décembre
1819, est une institution tout à la fois de prévoyance et de bienfaisance.

Le but de cet établissement est d'offrir un
moyen de placer les moindres sommes comme
les plus importantes, soit au profit de celui
même qui place, soit en faveur d'enfans ou
autres personnes auxquels il s'intéresse.

Les intérêts des capitaux versés se capitali-
sent pendant dix ans. A dater de cette époque,
chaque actionnaire survivant reçoit une rente
qui s'accroît d'année en année, en raison des
décès qui surviennent, jusqu'à l'époque où les
survivans partagent entre eux le fonds commun de tous les placemens. Par le moyen
des intérêts capitalisés pendant dix années, et
les décès arrivés dans ce laps de temps, le
taux moyen des rentes est environ de 20 p. $\frac{0}{0}$
du capital; celui de l'accroissement des fonds
peut s'élever jusqu'à onze ou douze fois la

mise. Il y a chaque année un tirage de primes. Il est loisible à l'actionnaire de faire assurer son capital, pour prévenir la perte résultante, pour ses héritiers, de son décès avant le partagé.

Le *minimum* des placemens est de 20 fr. Tous les ans, il est créé au profit des pauvres des actions de bienfaisance, dont les fonds sont faits par l'administration, et souvent augmentés par une souscription publique et permanente, à laquelle toute personne charitable peut contribuer depuis 5 fr. jusqu'à toute autre somme.

Le conseil d'administration se réunit chaque mois.

Les bureaux de la caisse de survivance et d'accroissement sont situés rue du faubourg Poissonnière, n°. 8.

SECTION IV.

De l'association viagère en rentes sur l'état, avec accroissemens fixes et régénération sur d'autres têtes.

Cet établissement a reçu son autorisation par l'ordonnance du 29 décembre 1819. Il a pour but d'associer un certain nombre d'individus qui réunissent chacun une somme de rentes, 5 p. ½ consolidés, et dont le dernier survivant devient seul propriétaire.

Le prix de l'action est de 5o fr. de rentes. Les intérêts se paient par semestre. Les accroissemens sont fixés progressivement dans chaque classe et sont indiqués dans un tableau annexé aux statuts de l'établissement.

Les actionnaires ont la faculté de régénérer leurs rentes, soit sur leurs propres têtes, soit sur d'autres, par des réserves volontaires exercées sur leurs accroissemens, ou même leurs dividendes, sans nouvel apport d'inscriptions.

Les bureaux de l'association viagère sont situés rue de Bourbon, n°. 7, faubourg Saint-Germain.

SECTION V.

De l'agence générale des placemens viagers et temporaires ou libres sur les fonds publics.

L'AGENCE générale autorisée par l'ordonnance du 28 avril 1820, se compose :

1°. D'une caisse de placemens viagers ou tontine, qui offre les moyens de doubler, quadrupler et même décupler ses capitaux. Cette tontine donne au survivant de chaque compagnie le capital de la mise;

2°. D'une caisse d'économie qui reçoit, à partir d'un fr., toutes les sommes, et paie l'intérêt à $5\frac{1}{2}$ p. $\frac{0}{0}$;

3°. d'une caisse de sous-inscription de rentes qui donne des coupons de 5, 10, 15 et 20 fr. au cours, et les échange à volonté contre des inscriptions du trésor, toutes les fois qu'on réunit 50 fr. de rentes.

Les bureaux de cet établissement sont situés rue du Sentier, n°. 6.

CHAPITRE III.

De l'emprunt d'Espagne.

L'EMPRUNT d'Espagne ayant été négocié à Paris par des banquiers français, est devenu par-là même un de nos effets publics, et mérite, en cette qualité, qu'il en soit fait mention.

Un décret des cortès du 12 octobre 1820, ayant autorisé le gouvernement espagnol à faire un emprunt de 15 millions de piastres fortes, cet emprunt a été accordé à MM. J. Lafitte et compagnie, et à MM. Ardoin et Hubbard et compagnie : ces deux maisons associées pour cette opération.

L'emprunt de 15 millions de piastres se divise en 150,000 obligations de 100 piastres chaque, remboursables par la voie du sort, et par tirages égaux, dans l'espace de vingt-quatre années.

Les obligations portent un intébêt sur le pied de 5 p. ⁚ par an. Elles ont, en outre, droit à des primes déterminées annuellement par le sort. Leur quotité est de 2 p. ⁚ par an sur le capital.

Les obligations sont au porteur, et des coupons d'intérêts, susceptibles de se détacher, leur sont joints. Les billets de prime sont séparés de l'obligation, et sont négociables à part.

Le paiement des intérêts et le tirage des primes se sont effectués dès la première année de l'emprunt. Le tirage pour le remboursement des actions n'aura lieu qu'à la fin de la cinquième année. D'après le décret sus-relaté, les intérêts des obligations sont acquittés sur le produit d'une partie du revenu public ; les obligations, remboursées sur le produit de la vente des biens nationaux.

L'emprunt ayant été livré à 70 p. $\frac{o}{o}$, c'est-à-dire à 3o p. $\frac{o}{o}$ au-dessous du capital nominal, il s'ensuit qu'il rapporte un intérêt de 10 p. $\frac{o}{o}$ aux prêteurs, lequel intérêt se compose de 7 $\frac{1}{7}$ p. $\frac{o}{o}$ d'intérêts fixes, et de deux et un 7e. aussi p. $\frac{o}{o}$ en chances dans le tirage annuel des primes.

L'emprunt d'Espagne a été négocié payable par dixième, de mois en mois, à dater de la création des obligations, et à raison de 5 fr. 4o cent. par chaque piastre effective.

Le cours de l'emprunt d'Espagne a essuyé d'assez grandes variations sur la place, causées, en général, par les diverses opinions du

plus ou moins de solidité du nouveau gouvernement espagnol. En réfléchissant un peu,
on se pénétrera facilement de la sûreté des
placemens qu'on peut faire sur cette valeur.
Il faut considérer d'abord que c'est le premier emprunt consenti par la nation espa-
gnole représentée par ses cortès ; que la régénération de ce beau pays met à sa disposition
une quantité immense de biens nationaux,
suffisante et au delà pour l'acquittement, non-
seulement de l'emprunt contracté par les Français, mais encore de toutes les dettes contrac-
tées par les rois, et si mal payées. Qu'en supposant ensuite toutes les réactions possibles, en
leur accordant du succès, on ne doit pas oublier que jamais parti triomphant ne peut
réussir complétement qu'avec une ou plusieurs concessions abandonnées ou octroyées
au parti vaincu ; que la première de toutes
serait sans contredit la reconnaissance de la
dette publique, parce que toujours elle tient
à l'honneur et au crédit d'une nation, surtout
lorsque des étrangers y sont engagés. Qu'on
ne vienne pas dire que l'acte de Ferdinand
puisse se renouveler : il a pu, en 1814, rétablir le despotisme ; il succédait à l'anarchie,
résultat d'une occupation militaire de six an-
néés. Les Espagnols, écrasés par les fatigues

d'une guerre aussi effroyable, ne connais-
saient pas la liberté; on a donc pu leur en
imposer un moment : mais aujourd'hui ils la
connaissent; et le parti qui parviendrait à renverser la constitution des cortès, ne pourrait
obtenir un succès durable qu'en la remplaçant,
au moins, par la charte de France. Or, je le
demande à tout homme de bonne foi, un semblable changement mettrait-il la dette en péril?
Si l'on veut appuyer ces considérations d'exemples, on peut en puiser de très-utiles dans notre
révolution : on verra l'assemblée des états généraux reconnaître la dette des rois de France,
et la rendre nationale; l'assemblée législative
reconnaître le même principe; la convention
nationale le consacrer : le directoire, acca-
blé par l'ancienne dette, par la dépréciation
du papier-monnaie qu'il recevait au pair pour
le prix des domaines nationaux, par le dis-
crédit des mandats territoriaux, enfin par les
immenses frais d'une guerre soutenue contre
toutes les puissances de l'Europe, a réduit la
dette, il est vrai, après l'avoir reconnue.
Mais, quelle série d'événemens extraordinaires et uniques dans l'histoire du monde!
Il faut des milliers de siècles pour reproduire
d'aussi grands prodiges. Le consulat a reconnu
la dette; les constitutions de l'empire l'ont

reconnue également : la charte a suivi les mêmes principes ; enfin, l'acte additionnel les avait aussi consacrés. On voit donc qu'au milieu de ces bouleversemens, de ces révolutions, la dette française n'a pas offert autant de risques qu'elle en courait avant sa régénération. L'Espagne n'a pas d'aussi grands dangers à craindre ; sa position géographique la met à l'abri de l'ambition des puissances de l'Europe : la France seule serait peut-être redoutable pour elle ; mais de longues années se passeront avant de voir ces deux royaumes en guerre ; trop de liens d'ailleurs, indépendamment de ceux de famille, doivent unir leur politique.

L'emprunt d'Espagne offre donc toutes les garanties désirables, et de plus un intérêt de 10 p. ⁰⁄₀ aux capitalistes qui ont eu le bon esprit d'y placer leurs fonds.

CHAPITRE IV.

De la caisse des dépôts et consignations.

La caisse des dépôts et consignations est destinée à recevoir toutes les sommes appartenant aux réserves des communes, aux établissemens publics ; elle reçoit les retenues exercées sur les employés des diverses administrations, pour servir leurs pensions ; elle reçoit en consignation toutes les offres réelles, les sommes destinées à acquitter des propriétés grevées d'hypothèques, et dont les ordres trop longs à établir entraîneraient l'acquéreur dans le paiement d'intérêts dont il s'affranchit au moyen de cette consignation ; elle reçoit les dépôts volontaires et particuliers en monnaie ou billets de banque.

Afin d'exciter les dépôts particuliers, la caisse les bonifie d'un intérêt de 3 p. ⅜ par an. Dans le principe, et d'après la loi du 28 avril 1816 et l'ordonnance du 3 juillet suivant, il était loisible au déposant de retirer ses fonds à volonté ; mais il n'avait droit à des intérêts, qu'autant que ces fonds étaient restés trente jours à la caisse. Aujourd'hui, on ne peut retirer son argent qu'en prévenant quarante jours d'avance ; ainsi, les intérêts sont toujours acquis.

La caisse et ses employés ne peuvent, sous aucun prétexte, exiger de droit de garde, ni aucune autre rétribution, tant pour la réception du dépôt que pour sa restitution.

Les capitaux déposés à la caisse des consignations se montent souvent à la somme de 5o à 6o millions. Elle utilisait, il y a quelque temps, ces nombreux capitaux, en prêtant aux particuliers, sur dépôt de rentes ou de reconnaissances de liquidation, à un intérêt de 5 p. $\frac{o}{o}$. Cette opération, très-utile pour la caisse, ne l'était pas moins pour le public ; elle faisait circuler le numéraire, qui ne devient productif que par une mutation continuelle, et répandait l'aisance dans le commerce. Une décision, qu'il est difficile de concevoir ; une décision, dis-je, du conseil d'administration a suspendu les prêts sur dépôts de rentes et reconnaissances de liquidation. Ce conseil a décidé que les capitaux de la caisse ne seraient plus employés qu'à escompter des bons de la caisse de service remis par le trésor ; de sorte que le trésor, aujourd'hui, a le monopole de tous les grands capitaux de la France et particulièrement de la capitale. Il prend à la banque des sommes très-considérables ; il prend à la caisse des dépôts et consignations ; il encaisse les cautionnemens des employés qui y sont soumis, sans rendre compte des intérêts qu'ils peuvent produire, et en les faisant payer à la nation (1) ; il garnit les portefeuilles des capitalistes de ses bons de la caisse de service ; il reçoit de la France un budget de près d'un milliard, exactement payé dans l'espace de treize mois. Que fait-il donc de tant d'argent ? car, enfin, il ne prête à personne, et si, par hasard, le commerce a reçu de lui quelques secours, il les a fait chèrement payer. Cette concentration de capitaux est un grand vice ; aussi, à l'exception de Paris et de quelques villes de commerce, le reste de la France se trouve sans argent et l'usure fait son profit des fautes de l'administration.

Les bureaux de la caisse des dépôts et consignations sont situés rue de l'Oratoire.

---

(1) Les intérêts des cautionnemens sont portés en dépenses, au budget de 1821, pour une somme de 12 millions, et les arrérages de leur capital ne sont point portés en recette.

CHAPITRE V.

De la caisse d'amortissement.

La loi du 28 avril 1816, ayant ordonné la liquidation de l'ancienne caisse d'amortissement, en créa une nouvelle sous la surveillance de six commissaires ; savoir : un pair de France, président ; deux membres de la chambre des députés, un président de la cour des comptes, le gouverneur de la banque de France et le président de la chambre du commerce de Paris. (Art. 99 de la loi précitée.)

La dotation qui fut alors accordée à la caisse d'amortissement était de 20 millions de francs, payables par douzième. Le revenu de l'administration des postes était spécialement affecté à cette dotation ; le trésor public était chargé de compléter les sommes manquant aux 20 millions.

Par les articles 143 et suivans de la loi du 25 mars 1817, la dotation de la caisse d'amortissement fut augmentée du double. Les bois de l'état lui furent affectés, à l'exception de la quantité nécessaire pour former un revenu net de 4 millions mis à la disposition du roi pour doter des *établissemens ecclésiastiques.*

La caisse ne peut aliéner ces bois qu'en vertu d'une loi ; elle a été seulement autorisée à en vendre 150,000 hectares , à partir de 1818.

Les opérations de la caisse d'amortissement consistent à racheter, chaque jour, des rentes 5 p. ⁰⁄₀ consolidés, au cours de la bourse : elle emploie, à cet effet, les 40 millions de revenus qui lui sont affectés , et de plus les sommes provenant des intérêts des rentes qu'elle acquiert quotidiennement. C'est par le moyen des intérêts composés qu'elle doit un jour éteindre la dette publique. Chaque inscription de rente achetée au nom de la caisse d'amortissement est immobilisée, et ne peut, sous aucun prétexte, être vendue ni mise en circulation , à peine de faux et autres peines de droit contre les vendeurs et acheteurs (art. 109 de la loi du 28 avril 1816). Les rentes ne seront annulées qu'aux époques et pour la quotité déterminées par une loi.

La puissance des intérêts composés est tellement grande , que déjà la caisse d'amortissement, depuis sa nouvelle fondation , c'est-à-dire, depuis le 28 avril 1816 jusqu'au 1ᵉʳ. août 1821 , avait en sa possession une somme de

21,090,255 fr. de rentes. En joignant à cette somme la dotation de 40,000,000, on verra que, cette année, il doit être employé en rachats de 5 p. $\frac{o}{o}$ consolidés fr. 60,090,255, sans y comprendre le montant des semestres de septembre et de mars prochains.

Les caisses d'amortissement sont un des plus grands moyens de crédit pour les gouvernemens : il leur donne la faculté d'emprunter avec plus de facilité, et conséquemment de dissiper plus aisément de nombreux capitaux. Est-ce un bien ? est-ce un mal ? Plusieurs publicistes, comme le remarque M. Say, l'ont regardé comme funeste aux nations. « Un gou-
» vernement *puissant* par la faculté d'em-
» prunter, ont dit ces publicistes, se mêle de
» tous les intérêts politiques : il conçoit des
» entreprises gigantesques, accompagnées tan-
» tôt de la honte, tantôt de la gloire, mais
» toujours suivies de l'épuisement : il fait la
» guerre, ou la fait faire ; achète tout ce qui
» peut s'acheter, jusqu'au sang et à la con-
» science des hommes ; et les capitaux, fruits
» de l'industrie et de la bonne conduite, sont
» alors remis aux mains de l'ambition, de
» l'orgueil, de la perversité.

» Si la nation qui a du crédit est *politique-*
» *ment faible*, elle est mise à contribution par

» les grandes puissances ; elle les paie pour
» soutenir la guerre ; elle les paie pour avoir
» la paix ; elle les paie pour conserver son
» indépendance, *et finit par la perdre.*

» Ce ne sont point là des suppositions gra-
» tuites ; mais on laisse à faire les applica-
» tions. »

Doit-on espérer qu'avec ses riches moyens
d'amortissement, la France puisse éteindre sa
dette ? Mathématiquement, oui ; raisonnablement, non.

Je dis mathématiquement oui, parce que
l'effet des intérêts composés est incontestable,
et que par eux, dans un temps donné, la totalité de la dette peut être rachetée.

Je dis raisonnablement non, parce que les
caisses d'amortissement, imaginées pour la
réduction de la dette, comme l'ont très-bien
observé plusieurs économistes, n'ont été favo-
rables qu'à son accroissement ; parce que les
gouvernemens sont toujours portés à abuser
de toutes les ressources ; parce qu'un moyen
de crédit est aussitôt épuisé que découvert,
par les ambitions publiques et privées qui
environnent les cours ; parce que des événemens politiques peuvent surgir d'un moment
à l'autre, et nécessiter des dépenses dont la
quotité ne peut être prévue.

Les Anglais, plus expérimentés que nous
en finances, comptent peu sur les caisses d'a-
mortissement, pour l'extinction de leur dette :
leur célèbre Adam Smith pense même que
jamais les dettes publiques n'ont été éteintes
que par des banqueroutes.

Il faudrait bien se garder, toutefois, de sus-
pendre les opérations de notre nouvel amortissement ; les services qu'il rend aujourd'hui
sont d'autant plus précieux, qu'ils sont en
diminution des malheurs financiers réservés
à notre avenir.

CHAPITRE VI.

De la bourse de Paris.

Du temps de Louis XIV, et jusque dans les premières années du règne de Louis XV, le lieu d'assemblée où les marchands, banquiers, négocians et agens de change de la ville de Paris se trouvaient, pour traiter des affaires de leur commerce, était appelé la *place du change.* Ce lieu était situé dans la grande cour du palais de Justice, au-dessous de la galerie Dauphine, du côté de la Conciergerie. L'incommodité de cette place ayant été enfin remarquée, un arrêt du conseil du 24 septembre 1724 ordonna l'établissement d'une bourse dans la ville de Paris, pour y traiter les affaires de commerce, tant de l'intérieur que de l'extérieur du royaume. Cet arrêt, en forme de règlement, détermine la police qui doit être observée dans la bourse, il est composé de 41 articles.

L'hôtel de Nevers, qui jadis faisait partie du palais Mazarin, et qui alors appartenait à la compagnie des Indes, fut choisi pour l'emplacement de la nouvelle bourse. On y construi-

sit de beaux portiques en pierres de taille pour
des bureaux destinés aux écritures des négocians et agens de change. Aujourd'hui l'hôtel
de Nevers est occupé par le trésor royal.

En quittant cet hôtel , la bourse de Paris
fut placée dans un couvent; ensuite, dans une
église ; après, dans un coin du Palais-Royal ;
enfin, sous un hangard, en forme de serre
chaude, situé entre les rues Feydeau et Notre-
Dame-des-Victoires, en attendant qu'il plaise
au gouvernement de faire terminer le magni-
fique palais qui lui est destiné.

La bourse , d'après l'art. 71 du Code de
commerce, est la réunion qui a lieu, sous
l'autorité du gouvernement , des commerçans, capitaines de navires , agens de change
et courtiers, etc., pour faire leurs opérations.

Le résultat des négociations et des transactions qui s'opèrent à la bourse, détermine le
cours du change, des marchandises, des assurances, du fret ou du nolis, des prix des transports par terre et par eau , des effets publics
et autres , dont le cours est susceptible d'être
coté.

Ces divers cours sont constatés par les agens
de change et courtiers, dans la forme prescrite
par les règlemens de police généraux ou particuliers. (Art. 72 et 73 du Code de commerce.)

La bourse de Paris est la seule de France où se négocient les effets publics. Elle est ouverte au public depuis deux heures jusqu'à quatre heures après midi. Les agens de change étant spécialement chargés par la loi de la négociation des rentes 5 p. $\frac{c}{o}$ consolidés et autres effets publics, en font une vente criée, chaque jour, au plus offrant et dernier enchérisseur. Cette vente a lieu, pour le comptant, de deux à trois heures. Une cloche annonce son commencement et sa fin. Pendant sa durée, un crieur annonce le prix de chaque vente faite. Ces divers prix forment les cours cotés et publiés dans les journaux.

Outre les achats et les ventes d'effets publics *au comptant* qui se font entre deux et trois heures, il s'en fait encore *à terme* jusqu'à quatre heures. Ces divers marchés, *au comptant, à terme*, etc., vont être ci-après expliqués et sont applicables, en général, à tous les effets publics, mais principalement aux rentes, aux reconnaissances de liquidation et aux actions de la banque.

CHAPITRE VII.

Des marchés au comptant.

On appelle *marchés au comptant*, en fait de rentes, les achats ou ventes qui s'en font à la bourse, entre deux et trois heures, et qui sont annoncés et cotés par le crieur.

Les achats se font par l'intermédiaire d'un agent de change. L'acheteur doit lui remettre les fonds qu'il veut employer en effets publics, et lui indiquer le cours auquel il désire se rendre acquéreur.

Les ventes sont faites par le même inter-médiaire. Le rentier vendeur doit remettre son inscription à l'agent de change, afin qu'il puisse en opérer le transfert et lui désigner le cours auquel il veut vendre. Le prix de la vente est acquitté aussitôt que l'acte de trans-fert est signé par le vendeur et l'agent de change.

Les premières spéculations qui furent faites sur les effets publics, ne l'étaient qu'au comp-tant, mais la trop grande simplicité de ces marchés, la grande quantité de capitaux qu'ils exigent, les ont fait abandonner par le plus

5

grand nombre des spéculateurs. Quelques personnes prudentes, qui ne veulent risquer que ce qu'elles possèdent, s'en contentent encore ; c'est donc pour elles qu'il est nécessaire d'expliquer comment on peut spéculer à la hausse et à la baisse au comptant.

SECTION PREMIÈRE.

Des spéculations à la hausse.

Les spéculations à la hausse au comptant sont infiniment simples, comme je viens de le dire. Le gouvernement paraît stable, les intérêts de la rente sont religieusement payés chaque semestre ; la nation est riche en terres, en industrie, en capitaux ; ses mandataires, bons ou mauvais, votent l'impôt chaque année, et reçoivent les comptes de celui de l'année précédente : en voilà bien assez pour me former l'opinion d'une prospérité toujours croissante, qui doit avoir naturellement une grande influence sur le cours des effets publics, et déterminer sa hausse. C'est dans cette disposition d'esprit que je fais acheter par un agent de change la somme de rentes que mes capitaux me permettent de payer comptant. Possesseur de mon inscription, j'attends, avec confiance, que la hausse se fasse, et quand elle est arrivée au degré où je l'attendais, je vends pour réaliser le bénéfice.

Exemple : Le cours des rentes est à 60 fr. ; ce cours me semble trop bas et n'être pas en raison de la solvabilité du gouvernement. Je fais acheter 5000 fr. de rentes à ce prix, ce qui me coûte 60,000 fr. Quelque temps après, le cours s'élève jusqu'à 64 fr., cette hausse étant celle que j'attendais, je fais vendre alors les rentes que j'ai acquises à 60 fr., et mon bénéfice se compose de la différence de mon prix d'achat à mon prix de vente, c'est-à-dire, de 4 fr., ou 4 p. $\frac{0}{0}$ (1), ou 4000 fr.

SECTION II.

Des spéculations à la baisse.

Les spéculations à la baisse ne sont pas plus compliquées que celles à la hausse. Je possède une inscription sur le grand livre; je vois le gouvernement incertain dans sa marche, n'ayant aucune règle fixe, alimen-

---

(1) Les 4 p. $\frac{0}{0}$ sont pris ici sur la valeur du capital nominal de la rente, qui est de 100 fr. par 5 fr. de rentes, et non sur la valeur écus, car, dans cette hypothèse, il faudrait dire 6 $\frac{2}{3}$ p. $\frac{0}{0}$. Le capital effectif étant de 60,000 fr.

tant les passions des partis en donnant raison
à l'un et à l'autre alternativement; je vois
toutes les lois qui doivent donner de la force
au corps social ou à faire ou n'avoir été que
transitoires; je vois des emprunts considérables
qui ne font qu'augmenter la dette déjà très-
considérable; je vois un budget qui ne peut se
payer qu'avec de grands efforts en temps de
paix, et je me demande comment on pourrait
le payer si cet heureux état venait à changer :
car il faudrait encore une augmentation d'impôts si la guerre était imminente; je vois enfin
l'Europe en armes. Je fais alors des inves-
tigations dans l'avenir en m'appuyant sur le
passé, et quand je pense que, d'après l'histoire, on a supputé qu'il y avait eu quatre-
vingt-quatre ans de guerre par siècle, je
suis forcé d'en conclure que l'état de guerre
est l'état naturel des sociétés humaines, et
cela me fait trembler. Toutes ces considérations me font craindre pour ma rente;
car sans un bon budget bien payé, les arrérages de mon inscription courraient les risques d'être mis à l'arriéré. Le cours me paraissant donc plus élevé que ne le comporte
un semblable état de choses, je remets mon
inscription à un agent de change, en le priant
de vouloir bien la vendre, en conservant

toutefois l'intention de la racheter, lorsqu'une baisse aura rétabli le cours dans la proportion des risques qu'il y a à courir.

Exemple : Les fonds publics sont cotés à 72 f. ; ce cours me paraissant forcé, je fais vendre mon inscription qui est de 5000 fr. de rentes, moyennant 72,000 fr. que j'encaisse. Quelque temps après la rente est baissée, elle n'est plus cotée qu'à 62 fr. ; je fais racheter alors mon inscription ; elle ne me coûte que 62,000 fr., et je conserve 10,000 fr. de bénéfice.

Les spéculations au comptant ont cela d'avantageux, qu'elles n'entraînent jamais dans une perte aussi grande que celle que l'on peut éprouver dans les marchés à terme, et qui résulte de trop fortes différences. La raison en est simple : dans les marchés au comptant, lorsque vous spéculez à la hausse, et que la rente baisse, vous êtes propriétaire d'une inscription que rien ne vous force à vendre, et cette inscription est productive d'intérêt ; lorsque vous spéculez à la baisse, et que la rente hausse, vous avez vendu votre inscription, et vous en avez touché le montant, vous êtes alors propriétaire d'un capital que rien ne vous force à placer sur les effets publics. Dans les marchés à terme, dont il est ci-après

question, les capitaux étant fictifs, et les marchés n'étant faits que pour un mois ou deux
au plus, les spéculateurs sont contraints de
les réaliser à époque fixe, et ne peuvent attendre les cours qui leur seraient le plus avantageux. Ceci se concevra mieux lorsque l'on
connaîtra les chapitres qui suivent.

CHAPITRE VIII.

Des marchés fermes, ou à terme.

C'est aux Hollandais que nous sommes re-
devables des *marchés fermes ou à terme*, et il
est probable que sans le monopole qu'ils ont
établi sur le commerce des épices, par la possession exclusive des Moluques, des îles à
poivre et à muscade, monopole qui les a rendus momentanément le peuple le plus riche du
globe, nous ne connaîtrions que *les simples
marchés au comptant;* car chacun sait que
l'invention n'est pas notre fait; nous visons au
perfectionnement, et nous y réussissons assez
souvent. Voilà notre part.

Les Hollandais, dès le commencement du
dix-septième siècle, spéculaient, au moyen de
marchés à terme et de *marchés à option* (1),
sur diverses marchandises. Lorsque les dettes
publiques furent perfectionnées, ils appliquè-
rent leurs marchés à ces dettes, avec d'autant
plus de facilité, qu'étant riches, ils avaient

(1) Le marché à option n'est autre que le marché à
prime. (Voyez le chapitre X.)

prêté à toutes les nations de l'Europe, et que les titres de créances qu'ils possédaient devenaient une marchandise comme une autre.

On entend par marché *ferme ou à terme*, à la bourse de Paris, un achat ou une vente de rente dont le paiement ou la livraison ne doit avoir lieu qu'à une époque déterminée. Ces opérations se font ordinairement pour la fin du mois dans lequel se passe le marché, ou pour la fin du suivant.

Les portions de rentes sur lesquelles on spécule avec les marchés à terme, et par l'intermédiaire des agens de change, se divisent en parties de 2500 fr., pas au-dessous : ainsi on peut spéculer sur 2500 fr., 5000 fr., 7500 fr., 10,000 fr. de rentes, etc., etc., etc..

Les marchés fermes sont presque les seuls employés à la bourse, par la raison qu'ils offrent aux spéculateurs les moyens d'augmenter leurs opérations sans employer de grands capitaux. Ce genre de spéculation ne s'établit que sur la différence du cours des effets publics. Les sommes représentant la valeur de l'inscription de rente, vendue ou achetée, ne sont que fictives.

Nous allons expliquer comment se font les opérations à la hausse et à la baisse par les marchés fermes.

SECTION PREMIÈRE.

Des spéculations à la hausse par marché ferme.

LES spéculations à la hausse, à terme, se font de la même manière et d'après les mêmes principes que les spéculations à la hausse, au comptant, à l'exception qu'un terme est accordé à l'acquéreur pour le paiement. C'est au moyen de ce terme que l'individu qui croit à la hausse fait son opération : il n'a pas besoin du capital de la rente qu'il achète ; il suffit qu'il ait une somme nécessaire pour payer la différence qui pourra se trouver entre le cours auquel il aura acheté et celui auquel il vendra, en cas de baisse. Mais l'acquéreur n'est forcé à payer ou à revendre les rentes par lui acquises, qu'au terme stipulé par son marché ; et si, dans l'intervalle du contrat au terme, le cours des rentes s'élève, il doit vendre, puisqu'il trouve un bénéfice : on lui doit compte alors de la différence du prix de cette vente à celui de son achat. Si le cours baisse, et qu'il soit forcé de vendre au-dessous du prix de son acquisition, il devra alors la différence qui se trouvera exister entre le prix de son acquisition et celui de sa vente.

Exemple : Croyant à la hausse des fonds, je fais acheter par un agent de change 5000 fr. de rentes, fin du mois, à 65 fr. Ce cours se bonifie et s'élève jusqu'à 66 fr. 50 c. ; je fais revendre à ce cours mes 5000 fr. : il en résulte une différence à mon avantage de 1 fr. 50 c. ; ce qui me donne un bénéfice de 1500 fr. sur mon marché. Mais, si les rentes baissent jusqu'à 63 fr. au lieu de monter, et que je sois forcé de vendre à ce cours les rentes que j'ai achetées à 65 fr., il en résultera une différence contre moi de 2 fr. ; ce qui portera ma perte à fr. 2000.

Les engagemens, dans les marchés à terme, se font doubles et sous seings privés. L'agent de change donne sa signature à son client, et le client lui donne la sienne en échange.

Les agens de change se font aussi des engagemens pour les marchés qu'ils contractent au nom de leurs cliens ; de sorte que, dans le même marché, l'agent de change signe deux engagemens, celui qu'il donne à son client et celui qu'il donne à l'agent avec lequel il a traité.

Les agens de change ne pouvant pas opérer pour leur compte, aux termes des articles 85, 86 et 87 du code de commerce, relatent dans leurs engagemens les noms des agens avec lesquels ils ont traité au nom de leurs cliens, et croient, par ce moyen, se conformer aux dispositions de la loi. Je ne pense pas qu'ils y aient réussi, comme je vais essayer de le démontrer après avoir donné les modèles d'engagemens.

MODÈLE DE L'ENGAGEMENT DU CLIENT.

LIQUIDATION d'août 1821. **RENTE**, 5ooo fr. à 66 fr. 5o c. 66,5oo fr.

Paris, ce 3 août 1821.

Acheté par M. DUMONT, agent de change, *par mon ordre et pour mon compte*, cinq mille francs de rentes, 5 p. ⁰/₀ consolidés, jouissance du 22 mars 1821, livrables fin d'août fixe, *ou plutôt à volonté*, contre le paiement de la somme de soixante-six mille cinq cents francs.

Fait double.

THOMAS.

MODÈLE DE L'ENGAGEMENT DE L'AGENT DE CHANGE.

LIQUIDATION d'août 1821. **RENTE**, 5ooo fr. à 66 fr. 5o c. 66,5oo fr.

Paris, ce 3 août 1821.

Acheté de M. BAUDOT, agent de change, *d'ordre et pour compte de M. Thomas*, cinq mille fr. de rentes, 5 p. ⁰/₀ consolidés, jouissance du 22 mars 1821, livrables fin d'août fixe, *ou plutôt à volonté*, contre le paiement de la somme de soixante-six mille cinq cents francs.

Fait double.

DUMONT, *agent de change.*

Les engagemens ainsi rédigés remplissent-
ils le vœu de la loi? Les agens de change, ne
pouvant se rendre garans de l'exécution des
marchés dans lesquels ils s'entremettent, ne
sont-ils pas, par la forme même de ces marchés, et comme l'expérience le prouve quelquefois dans la pratique, responsables des opérations faites par leur entremise? Les agens de
change, en vertu de ces engagemens, ne sont-
ils pas, chaque jour, dans la position d'en-
courir la destitution prononcée par l'art. 87
du code de commerce?

Par la rédaction des engagemens, un agent
de change n'est pas responsable vis-à-vis du
client pour lequel il a traité. Il a acheté *d'ordre
et pour compte* dudit client : mais il a acheté
d'un autre agent, lequel devient garant du
marché vis-à-vis du client; de sorte que, par
ce moyen, ce n'est pas l'agent directement employé, mais celui qui l'est indirectement, qui
devient responsable de l'exécution du marché.
Ainsi, M. Thomas a acheté, par l'entremise
de M. Dumont, agent de change, 5000 fr. de
rentes à M. Baudot, également agent de change : M. Dumont n'est nullement garant de ce
marché; c'est M. Baudot qui le garantit. Ce
dernier ne peut opposer à Thomas le client
pour lequel il a traité, attendu que Thomas

n'a pas traité avec ce client qui lui est entièrement inconnu et qui, d'ailleurs, ne figure pas
dans les engagemens. On ne peut donc actionner
que M. Baudot : or, M. Baudot, agent de change,
ne pouvant être garant, se trouve donc en
contravention ; et le libellé des engagemens,
rédigé dans l'intention d'exécuter la loi, se
trouve donc la violer et parcourir complète-
ment le cercle vicieux. Je suppose maintenant
l'action intentée contre M. Baudot, comme
étant évidemment responsable, attendu qu'il
est seul connu dans le marché, et que, bien
qu'il oppose qu'il ait traité pour un client, ce
client ne peut comparaître aux débats, n'ayant
point figuré dans les actes. Le tribunal qui
aura à prononcer sera fort embarrassé. D'un
côté, l'action de Thomas contre Baudot résulte
d'un acte qui paraît en bonne forme et qui
s'explique de lui-même. Baudot oppose, non
sans raison, que, la loi lui défendant la garantie des marchés faits par son entremise, il
ne peut être débiteur ; s'appuyant ensuite sur
le droit commun, il invoque les dispositions
des articles du Code civil qui lui sont applicables, et prouve que les marchés dans lesquels
il est engagé sont nuls.

Quelle est, en effet, la nature de l'obligation par lui contractée? Elle n'est point *sy-*

nallagmatique, car les contractans ne sont point réciproquement obligés ; Baudot ne connaît que son collègue Dumont, avec lequel il a contracté, et Thomas lui est inconnu ; or, pour être obligés les uns envers les autres, il faut commencer au moins par se connaître, pour savoir si dans la convention dont il est question, et qui peut amener de grandes pertes pour l'un ou l'autre des contractans, la solvabilité de chacun est bien établie. Or Baudot ne connaissant pas Thomas, ne pouvait se compromettre vis-à-vis de lui, et risquer de perdre sa fortune sans être en chance de l'augmenter, il n'a pas même de courtage à réclamer; il n'y a donc aucune réciprocité , il n'y a donc point d'obligation *synallagmatique* entre Baudot et Thomas.

Cette obligation n'est point *unilatérale*, car Baudot est engagé ainsi que Thomas; elle n'est point *commutative*, car il n'existe pas d'équivalent dans le marché, un courtage ne pouvant équivaloir à la perte d'un capital; elle n'est point *aléatoire*, car la chance de gain ou de perte n'est point également établie, pour les contractans, sur un événement incertain. Enfin aucune nature de contrat n'est applicable à la matière, et la raison en est simple : l'agent de change est incapable de contracter, l'article 86 du Code de commerce, et les articles 1108 et 1124 du Code civil ne le lui permettent pas ; en effet, peut-il remplir les conditions exigées dans l'obligation ? Peut-il donner le consentement exigé par les articles 1109 et suivans du Code civil ? assurément non, puisqu'il travaille pour le compte d'autrui, et que le contrat ne le concerne pas personnellement. La cause de l'obligation est-elle valable ? non, car, l'article 1133 déclarant nulle une cause illicite, et l'article 86 du Code de commerce, interdisant la garantie des marchés dans lesquels s'entremettent les agens de change, la cause de l'obligation n'est pas valable.

L'obligation contractée par Baudot n'est ni casuelle, ni potestative, ni mixte, elle est nulle, et cette nullité est indubitablement prononcée par les articles 1172 et 1350 du Code civil qui disent, article 1172 : « Toute » condition d'une chose *prohibée* par la loi » est *nulle*, et rend *nulle* la convention qui » en dépend ; » article 1350 : « La présomp-» tion légale est celle qui est attachée, par » une loi spéciale, à certains actes ou à cer-» tains faits ; tels sont :

» 1°. Les actes que la loi déclare *nuls* , » comme présumés faits *en fraude* de ses dis-

» positions, d'après leur seule qualité, etc. »

L'application de ces articles est facile : l'article 86 du Code de commerce la fait en prononçant, d'une manière positive, « qu'un » agent de change *ne peut se rendre garant* de » l'exécution des marchés dans lesquels il » s'entremet. » Ainsi, dans l'espèce, la condition est *nulle*, la convention *nulle*, et en présentant le marché devant la justice, présumé par elle fait en fraude des dispositions de la loi, il sera déclaré *nul*.

A ces raisons, qu'opposera Thomas? Qu'ayant contracté et mis en chance sa fortune dans l'intention bien prononcée de l'accroître, il faut bien, s'il a eu le bonheur de gagner de l'argent sur l'opération qu'il a faite, que quelqu'un le lui paie; que cependant il ne peut légalement attaquer ni Dumont, ni Baudot, qui toutefois auraient eu une action à exercer contre lui, si, au lieu de se trouver créancier, il eût été débiteur. Qui attaquera-t-il donc? Le client de Baudot? Mais il est inconnu. Que dans cette position il n'a plus d'autre moyen que d'invoquer l'article 87 du Code de commerce, en actionnant Baudot en police correctionnelle. Cet article 87 dit : « Que toute » contravention aux dispositions énoncées en » l'article 86 sus-relaté, entraîne la peine de

» destitution, et une condamnation d'amende
» qui ne peut être au-dessus de 3000 fr., sans
» préjudice *de l'action des parties en dom-*
» *mages et intérêts.* » Baudot encourt donc
les peines prononcées par cet article ; il doit
être condamné, en outre, à des dommages
intérêts envers Thomas (1).

Il faut conclure de cette discussion, que le

---

(1) D'autres considérations, tirées de la loi, viennent
encore à l'appui de la nullité résultant de la forme des
marchés. D'après l'art. 76 du Code de commerce, les
agens de change sont chargés seuls de la négociation des
effets publics ; ils ne peuvent, d'après l'art. 85 du même
Code, faire aucune opération pour leur compte, et, d'a-
près l'art. 86, se rendre garans des marchés dans lesquels
ils s'entremettent. La volonté du législateur est telle, en
cette matière, qu'un agent de change ne peut faire faillite
sans être poursuivi comme *banqueroutier*, et l'art. 89 du
Code de commerce confirme, à cet égard, une partie des
dispositions de l'ordonnance de 1673, qui étaient tellement
sévères, qu'un agent de change de Lyon déclaré banqueroutier, fut pendu en exécution d'un arrêt du 10 février
1756. Toute la législation s'accorde donc bien pour démontrer qu'un agent de change ne peut, dans aucun cas,
être garant, soit directement, soit indirectement, des marchés dans lesquels il s'entremet. Car sa garantie l'entraî-
nant dans des chances de pertes, et les pertes pouvant déterminer sa faillite, il se trouverait tous les jours dans une
position imminente de *banqueroute*. Il ne faudrait, pour
cela, que la faillite de quelques-uns de ses cliens,

vœu de la loi n'a pas été rempli dans le mode
d'engagemens employé dans les spéculations
sur les fonds publics ; que ces, engagemens
peuvent donner journellement matière à procès et compromettre l'état et la fortune des
agens de change, si des cliens de mauvaise
foi remettaient leurs marchés entre les mains
du ministère public.

D'après la loi, l'agent de change est non-seulement l'intermédiaire obligé des marchés de
rente, mais encore l'officier qui les rend authen-
tiques. Ainsi, pour suivre la voie légale, voici
ce qu'il faudrait faire, par exemple : M. Michel
veut acheter 5000 fr. de rentes à terme, il
charge un agent de change de lui faire cette
acquisition ; cet agent vient lui dire que
M. Thomas a des rentes à vendre, et s'il lui
convient de traiter avec lui pour les 5000 fr.,
sur la réponse affirmative de M. Michel, l'a-
gent de change rédige le marché, le fait signer
à chacun des contractans, le signe lui-même
et rend cet acte paré et authentique. L'agent
de change ne garantit, par-là, que l'existence
du marché ; et MM. Michel et Thomas, dont
la solvabilité est notoire pour eux comme
pour tout le monde, ont chacun le droit de
se poursuivre dans le cas de l'inexécution de
l'engagement par l'un d'eux. Voilà, je pense,

le moyen d'exécuter la loi et d'éviter les gra-
ves inconvéniens qui peuvent résulter du système adopté par les agens de change dans la
rédaction de leurs marchés. Que si l'on veut
conserver le secret des opérations qui peuvent
être faites, il faut alors adresser une demande,
aux chambres, à l'effet d'obtenir une nouvelle
loi qui permettra aux agens de change de se
rendre responsables et qui les forcera à exiger de leurs cliens une garantie pour les pertes auxquelles de fortes différences pourraient
les entraîner.

La clause, *ou plus tôt à volonté*, qui se trouve
dans les marchés sus-relatés, est remarquable.

Les marchés de rentes à livrer étant prohi-
bés (1), il faut, quoique l'opération soit faite à
terme fixe, qu'il y ait un moyen d'avancer ce
terme et de conclure de suite ; autrement il y
aurait contravention. Pour obtenir ce moyen,
on ajoute les mots *ou plus tôt à volonté* après
celui de *fixe ;* de sorte que dans les marchés
à terme les rentes doivent être livrées au
terme fixé, ou à la volonté de l'acquéreur. Il
peut, en vertu de cette clause, forcer le ven-

_____

(1) La vente de rentes à livrer diffère de la vente à découvert. Dans la vente à livrer, le vendeur est censé posséder l'inscription au moment de sa vente ; dans la vente
à découvert, jamais il ne la possède.

deur à lui livrer les rentes, par lui acquises, cinq jours après l'en avoir prévenu. Le terme étant toujours présumé stipulé en faveur du débiteur, d'après l'article 1187 du code civil, l'acquéreur doit avoir la faculté de payer avant son échéance, s'il a les fonds suffisans : ainsi, dans les marchés fermes, il est censé n'avoir acheté à terme que pour attendre la rentrée de ses fonds; s'ils lui rentrent plus tôt qu'il ne les attendait, il doit lui être loisible de lever sa rente de suite; et le vendeur, censé porteur de l'inscription, doit toujours être prêt à la livrer. Ces opérations, nommées *escomptes*, ayant lieu fréquemment et devenant un moyen de liquidation, sont traitées plus au long dans la section première du chapitre 9.

SECTION II.

Des spéculations à la baisse par marché ferme.

Les spéculations à la baisse, par marché ferme, sont assez difficiles à concevoir d'abord, parce qu'en effet il est assez peu facile de comprendre qu'on puisse vendre une chose que l'on ne possède pas. Cela paraît en contradiction avec les principes de la vente qui, pour être parfaite, demande trois conditions : *la chose, le prix* et *le consentement,* ce que les jurisconsultes nomment, *res, pretium* et *consensus.*

Dans les spéculations à la baisse, par marché ferme, on vend une somme de rentes, dont on ne possède pas l'inscription, livrable à une époque déterminée.

Les porteurs d'inscriptions peuvent aussi, et mieux que les autres, vendre à terme. On distingue les ventes ci-dessus désignées, sous le nom *de ventes à découvert*, par opposition aux rentes faites par le possesseur. Les ventes à terme de rentes possédées rentrant à peu de chose près dans les opérations au comptant, il ne sera question ici que des ventes *à découvert*.

Lorsqu'un individu croit à la baisse des fonds, il fait vendre par un agent de change une somme de rentes livrables fin du mois ou à un autre terme. Si le cours des rentes faiblit avant l'échéance de ce terme, il doit les faire racheter pour opérer sa livraison, et la différence qui existera entre le cours de sa vente et de son acquisition lui sera due; de même que si, pour livrer, il est forcé d'acheter à un cours plus élevé que celui auquel il a vendu, il devra la différence qui existera entre les deux cours.

Exemple : J'ai vendu ferme, à découvert, 5000 fr. de rentes à 64 fr.; le cours baisse à 61 fr. 50 c.; je rachète, à ce dernier cours, ferme et au même terme, pour faire ma li-

vraison à celui auquel j'ai vendu. J'ai donc
une différence à mon avantage de 2 fr. 5o c.
qui me donne 2,5oo fr. de bénéfice. Mais si
la rente au lieu de baisser vient à monter jusqu'à 66 fr. et que je sois forcé d'acheter à ce
cours, j'aurai une différence contre moi de
2 fr. qui portera ma perte à 2ooo fr.

Les engagemens, pour ce marché, se font de
la même manière que ceux dont on a donné
le modèle dans la section précédente, à l'exception qu'il faut substituer le mot *vendu* au
mot *acheté.*

Les ventes à découvert sont un des grands
leviers des opérations sur les fonds publics ;
elles occasionent les baisses, elles occasionent les hausses et mettent quelquefois la
place en péril. Elles déterminent la baisse
lorsqu'elles sont faites en grand nombre; elles
déterminent la hausse, lorsque les acquéreurs
de ces rentes vendues à découvert forcent les
vendeurs à livrer, et qu'ils ne peuvent se
procurer de rentes qu'en les cherchant, qu'en
les demandant à tout prix.

Il y a encore sur la validité de ces opérations un vice qui rend leur régularité fort
douteuse : la loi me paraît souvent méconnue;
et, en argumentant pour et contre, je ne
saurais trop dire de quel côté serait la raison.

L'article 421 du Code pénal porte : « Les
» paris qui auront été faits sur la hausse ou
» la baisse des effets publics, seront punis
» d'un emprisonnement d'un mois au moins,
» d'un an au plus, et d'une amende de 500 fr.
» à 10,000 fr. Les coupables pourront, de
» plus, être mis, par l'arrêt ou le jugement,
» sous la surveillance de la haute police pen-
» dant deux ans au moins, et cinq ans au
» plus. »

L'article 422 du même Code porte : « Sera
» réputé pari de ce genre, toute convention
» de *vendre* ou de *livrer* des effets publics qui
» ne seront pas prouvés par le vendeur *avoir*
» *existé à sa disposition* au temps de la con-
» vention, ou *avoir dû s'y trouver* au moment
» de la livraison. »

D'après les dispositions de ces articles, voici,
ce me semble, ce que l'on peut dire pour la
validité des ventes à découvert : nous verrons
ensuite ce qu'on peut dire contre.

En réfléchissant sur le sens des premières
dispositions de l'article 422, les ventes à découvert paraissent illégales. Mais, en obser-
vant le sens de la dernière disposition, on
verra que, par la construction de l'acte de
vente, le vendeur est toujours en mesure de
livrer, puisqu'il est, par la clause ou *plus tôt*

à volonté, toujours à la disposition de l'acquéreur. Que demande en effet l'article 422? Il
veut que la rente soit *possédée* par le vendeur,
ou à sa *disposition* au moment de la livraison.
Eh bien ! n'est-il pas le maître de posséder la
rente qu'il a vendue quand il en a besoin ,
puisqu'il a la faculté de l'acheter chaque jour;
puisque par une seule parole dite à son agent
de change, à la minute même, il devient acquéreur et conséquemment possesseur de la
somme de rentes par lui vendues?

D'ailleurs l'article 1585 du Code civil ne
dit-il pas formellement : « Que la vente est
» parfaite dès qu'on est convenu *de la chose*
» et *du prix*, quoique *la chose n'ait pas encore*
» *été livrée ni payée*. »

La vente est donc parfaite dans les marchés
à découvert. On est bien convenu *de la chose*
et *du prix*, puisque l'une et l'autre sont sti-
pulés dans l'engagement , et les conditions
voulues, pour la validité des conventions,
par les l'articles 1108, 1129 et 1130 du code
civil , sont entièrement remplies.

On peut répondre à ces raisons :

La loi a prétendu défendre la vente à découvert, parce que c'est par cette vente que l'a-
giotage fait plus que décupler ses moyens. Or
il ne faut pas dire que le vendeur à découvert

possède les rentes au moment de sa vente ; il ne faut pas dire qu'il les a *à sa disposition* par la possibilité qu'il conserve de les acquérir à sa volonté, parce que ces moyens ne sont pas admissibles ; parce qu'ils sont évidemment contraires aux dispositions de la loi. Pour l'exécution de cette loi, il faut que le vendeur prouve qu'au moment même de son marché il était propriétaire de la rente ; qu'il prouve que, s'il n'en avait pas l'inscription à l'instant, il pouvait se la procurer dans un temps donné; que, par exemple, elle existait à Hambourg, à Londres, à Bayonne ; qu'au surplus la vérification pouvait facilement s'en faire au grand livre où l'immatriculation de l'inscription devait se trouver ; que, d'après cette loi, il est loisible aux propriétaires de créances sur le gouvernement, dont l'origine remonte de 1801 à 1810, et dont le paiement doit s'effectuer en inscriptions sur le grand livre, et aux propriétaires de créances de 1810 à 1815 dont le paiement doit s'effectuer en reconnaissances de liquidation, il est loisible, dis-je, à ces propriétaires de vendre à terme des rentes et des reconnaissances de liquidation jusqu'à la concurrence des sommes qui leur sont dues, parce qu'ils peuvent prouver *qu'au jour de la livraison* ils seront à même de l'effectuer, et qu'en définitive, ils n'ont vendu que ce qu'ils possédaient bien réellement.

Ainsi les argumens tirés de l'article 422 du code pénal, en faveur des ventes à découvert, ne sont pas admissibles : ils démontrent seulement de quelle manière on peut éluder la loi. Ceux tirés de l'article 1583 du Code civil, ne sont pas plus difficiles à détruire que ceux tirés des articles 1108, 1129 et 1130 du même Code. Car, d'après l'article 1108 même, il faut pour qu'une *convention soit valide, un objet certain* qui forme la matière de l'engagement ; or, ici, il n'y a que *le nom* de *l'objet*, qui est la rente, de *certain* ; la chose n'existe pas, puisque le vendeur vend ce qu'il ne possède pas. Il faut, d'après ce même article, *une cause licite dans l'obligation*, et d'après l'article 1133, la cause est *illicite quand elle est prohibée par une loi.* Or les articles 421 et 422 du Code pénal prohibant les ventes à découvert, les déclarent par le fait même, *illicites* ; or les actes illicites sont nuls, et punis plus ou moins rigoureusement : donc, les dispositions de tous les articles précités en faveur de la vente à découvert, ou ne lui sont pas applicables, ou l'anéantissent.

On dira peut-être que, d'après ces argumentations, les quatre cinquièmes des marchés sur les fonds publics sont illicites et, comme tels, frappés de nullité ; que, cependant, il existe fort peu de procès, ce qui pourrait faire croire à leur validité. Je répondrai à cela que c'est la bonne foi que l'on voit régner, en général, dans les opérations sur les fonds publics, qui forme la solidité des marchés; que, si les dettes de jeu sont presque toujours sacrées, les dettes de bourse ne le sont pas moins.

J'observerai, toutefois, que les immenses transactions qui ont lieu journellement sur les effets publics et qui intéressent une si grande partie de la société, méritent d'occuper les méditations du législateur : tout est à faire encore pour mettre un ordre convenable dans de si importantes opérations.

CHAPITRE IX.

De la liquidation des marchés au comptant et des marchés fermes.

La liquidation est le moment du dénoûment des opérations à terme. C'est à cette époque que se paient les différences qui sont dues et qui forment le résultat des spéculations.

La liquidation des marchés au comptant se fait avec le marché même, et la différence qui en résulte se paye de suite.

La liquidation des marchés fermes arrive de deux manières : par les escomptes qui l'avancent, et par le terme convenu pour la conclusion du marché.

SECTION PREMIÈRE.

Des escomptes.

L'escompte est un moyen de terminer un marché ferme avant son échéance et conséquemment un moyen d'en avancer la liquidation. Ainsi lorsqu'un acquéreur a escompté les rentes qui lui étaient dues par un vendeur, il lui doit compte alors de la différence, s'il y en a une à son désavantage entre le prix de sa vente et celui de son acquisition, comme le vendeur la lui doit dans le cas où le prix de son achat surpasserait celui de sa vente.

Les escomptes sont employés avec un grand succès par les spéculateurs et quelquefois par le gouvernement pour faire hausser les effets publics. Ce moyen peut être utilement employé lorsque le prix de la rente au comptant est supérieur au prix de la rente à terme; dans cette position il devient presque immanquable, il faut de grands désastres pour le faire faillir. J'en vais donner la raison :

Dans les spéculations sur les fonds publics, les affaires à terme surpassent au moins de cinquante fois les affaires au comptant; c'est ce dont il faut bien se pénétrer. Or, dans les marchés fermes, l'acquéreur ayant la faculté par la clause, *ou plus tôt à volonté*, qui se trouve stipulée dans l'engagement, de se faire livrer les rentes qu'il a achetées, quand bon lui semble; et le vendeur étant forcé d'opérer sa livraison cinq jours après en avoir été prévenu; cette faculté offre aux capitalistes spéculateurs les moyens d'utiliser leurs fonds d'une manière aussi sûre qu'avantageuse. Voici l'opération : elle consiste à acheter ferme une certaine quantité d'effets publics; à faire afficher, le lendemain de l'acquisition, dans le cabinet des agens de change, par l'agent chargé de la spéculation, que la livraison des effets acquis doit être effectuée de suite. Le vendeur, prévenu par cette affiche, est contraint de livrer; il a cinq jours pour le faire; passé ce délai, le syndic des agens de change rachèterait pour son compte; il faut donc que le vendeur trouve les rentes, ou tout autre effet dont il a besoin; ce ne sont plus des effets à terme qui lui conviennent; il lui faut l'inscription ou le titre même; où peut-il les trouver? seulement au comptant; mais le prix des rentes au comptant étant plus élevé que celui de la rente à terme, mais les affaires au comptant étant cinquante fois moindres qu'à terme, il en résulte qu'il ne peut trouver les effets publics dont il a besoin qu'en offrant à leur propriétaire un prix assez avantageux pour l'engager à s'en défaire. La hausse, par cette opération, est donc forcée.

Les vendeurs à découvert redoutent beaucoup les escomptes dans les momens où la rente est rare sur la place; parce que, s'ils sont obligés de livrer, ils courent les risques de la payer très-chère. Aujourd'hui, par l'augmentation prodigieuse de la dette, par les emprunts successifs qui ont eu et qui vien-

nent d'avoir lieu, la rente se trouve être en
abondance, et les risques des vendeurs à découvert sont nécessairement moins grands.

SECTION II.

Des liquidations aux termes des marchés.

Les marchés à terme se faisant généralement pour la fin du mois, ou pour la fin du
suivant, cette époque arrivée, il faut nécessairement les liquider. La liquidation a donc
lieu depuis le dernier jour de chaque mois
jusqu'au 5 du suivant. Je dis jusqu'au 5,
parce que les vendeurs au comptant, comme
à terme, ont toujours cinq jours pour faire
leur livraison. L'acquéreur, au contraire, doit
être en mesure de payer aussitôt qu'il reçoit
l'inscription ; et, comme dans les marchés à
terme, il n'est censé avoir opéré de cette manière que pour attendre ses fonds, lorsque ce
terme est arrivé son marché doit se conclure
de suite. Aussi l'acheteur à terme qui ne veut
ou ne peut pas payer les rentes qu'il a acquises
fin du mois, est forcé de les revendre le lendemain du jour fixé pour le terme du marché ;
et le vendeur qui ne peut ou ne veut pas livrer, est contraint de racheter les rentes, par
lui vendues, dans les cinq jours qui suivent le
terme fixé pour la conclusion du marché.

Les différences qui résultent des opérations qui ont été faites dans le courant et pour la fin d'un mois, se paient donc le cinquième jour du mois qui suit, puisque c'est l'époque définitive qui conclut tous les marchés. Si, à cette époque, l'acheteur n'a pas vendu ses rentes à terme et qu'il ne veuille pas les lever, le syndic des agens de change le fait d'office pour lui, et il est tenu de solder la différence qui peut exister entre le prix de son acquisition et celui de sa vente. La même chose a lieu lorsque le vendeur n'a pas racheté.

CHAPITRE X.

Des marchés libres ou à prime.

CE sont encore les Hollandais qui ont ima-
giné le marché libre. Ils l'appellent *marché à*
option, et le définissent ainsi : « Marché par
» lequel un marchand s'oblige, moyennant
» une somme qu'il reçoit, et qu'on appelle
» *prime*, de livrer ou de recevoir une certaine
» quantité de marchandises à un certain prix
» et dans un temps stipulé, avec liberté néan-
» moins au vendeur de ne la point livrer, et
» à l'acheteur de ne la point recevoir, s'ils le
» trouvent à propos, en perdant seulement
» leur prime. »

En substituant à la marchandise les effets
publics, on aura la définition de notre marché libre ou à prime.

Les marchés libres sont de la plus heureuse
invention : leur combinaison est simple ; ils
offrent aux acquéreurs des résultats plus certains que les autres marchés, par la raison
simple que la perte est pour eux limitée et que
les bénéfices ne le sont pas.

On appelle ces marchés *libres*, parce que,
moyennant une *prime* donnée, le marché est
solide ou *nul* selon le cours des rentes et la

7

volonté de celui qui a donné la prime. Il est *so-lide*, si le cours des effets publics est au-dessus du prix de l'acquisition ; il est *nul*, s'il est au-dessous, et il dépend de la *volonté* du donneur de prime , parce qu'en faisant l'abandon de celle-ci, il a la faculté d'anéantir le marché.

On peut considérer les marchés à prime comme une espèce de contrat d'assurance, parce que l'acquéreur donne une prime pour s'assurer des rentes à un prix déterminé ; le vendeur qui la reçoit doit avoir cet avantage pour l'indemniser des risques de la variation journalière du cours des effets publics.

Les marchés libres se font à terme. Ce terme est à peu près le même que celui des marchés fermes. Mais, au jour fixé , l'acquéreur doit déclarer , à trois heures , à la Bourse, immédiatement après la vente au comptant, s'il entend lever les rentes qu'il a achetées à prime. A défaut de cette déclaration, la prime est acquise au vendeur.

Le prix de la prime varie en raison du temps que le marché a à parcourir , et en raison des risques financiers ou politiques que peuvent courir les effets publics. On a vu , dans les momens de crise , les primes s'élever jusqu'à trois francs, c'est-à-dire 3 p. $\frac{0}{0}$, à prendre sur la valeur nominale de l'effet public. Dans les temps ordinaires, le prix de la prime est de un franc pour un mois; il diminue si le terme du marché est moins long.

On va faire connaître, avec plus de détail, la manière dont on opère avec les marchés libres, leurs différentes espèces ainsi que leurs diverses combinaisons.

SECTION PREMIÈRE.

Des achats à prime.

LES achats à prime se font pour spéculer à la hausse ou à la baisse des fonds publics et quelquefois pour suivre ces deux chances simultanément.

Le prix des rentes à prime est toujours plus élevé que celui des rentes fermes, par la raison que le marché à prime pouvant être annulé par la volonté du preneur, le donneur doit conserver pour lui une chance assez favorable pour l'indemniser de ses risques.

Dans le commencement d'un mois, le prix de la rente à prime est ordinairement de un à deux francs plus cher que celui de la rente ferme : la prime doit être de vingt sous. Il est bon d'observer cependant que, dans les grandes variations de cours qui agitent quelquefois la place, le prix de la rente à prime surpasse celui du comptant ou de la rente ferme de 3,

4, et même de 5 francs. La prime alors s'élève depuis 1 fr. 50 c. jusqu'à 2 et 3 francs.

Exemple de marchés à prime.

La rente ferme vaut, fin du mois, 62 fr. Je désire acquérir quelque chose à prime : si nous sommes au commencement d'un mois, je dois payer la rente 64 fr. *dont un ;* on entend par *dont un* le franc ou 1 p. $\frac{0}{0}$ de prime, qui doit se payer d'avance, et qui, dans cette locution, se trouve sous-entendu. Ainsi l'on pourrait dire : J'achète des rentes à 64 fr., *dont un* franc ou 1 p. $\frac{0}{0}$ que je paie d'avance, moyennant lequel franc il m'est loisible de consolider le marché ou de l'annuler en en faisant l'abandon. Il faut remarquer que ce franc, dans le cas où le marché à prime se consolide, devient un à-compte sur le prix principal, et qu'ainsi des rentes achetées à 64 fr. *dont un* ne doivent plus au vendeur que 63 fr.

Acquéreur de 5,000 fr. de rentes à 64 fr. *dont un* (cet *un* forme une somme de 1,000 fr., que je compte de suite), si je veux spéculer à la hausse, je dois rester tranquille sur mon marché. Il faut une grande hausse pour que je me trouve en bénéfice ; car la rente étant à 62 fr. fin du mois ou au comptant, il faut que la hausse soit de plus de 2 fr.

pour que j'obtienne un gain quelconque; mais aussi on doit observer que s'il me faut une hausse assez importante pour gagner, la plus grande baisse ne peut m'atteindre que pour le prix de la prime, parce qu'alors j'annule le marché en en faisant l'abandon. Ma perte est donc bornée, et les bénéfices que je puis faire ne le sont pas, en supposant, toutefois, une très-grande hausse.

Si je veux spéculer à la baisse et me parer d'une trop grande perte, je dois encore acheter à prime.

Voici comment se font ces sortes d'opérations : Je veux spéculer à la baisse sur 5,000 fr. de rentes : je commence par acheter 5,000 fr. de rentes à prime, comme on l'a dit ci-dessus, à 64 fr. *dont un ;* le cours de la rente ferme est à 62 fr. : je vends à ce cours 5,000 fr. de rentes fermes. Étant, à ma volonté, possesseur ou non des rentes que j'ai acquises à prime ; si les fonds montent je les livrerai ; et ma perte ne peut être plus grande que la différence qui se trouve exister entre le prix de mon acquisition à prime et celui de maente ferme, c'est-à-dire, 2 fr. ou 2,000 fr. Mais si, au contraire, les effets publics viennent à fléchir, toute la baisse est à mon avantage. Je suppose donc que les fonds tombent jusqu'à

58 fr. ; je racheterai ferme alors , à ce prix , les rentes que j'ai vendues également ferme à 62 fr. ; cette opération me donnera conséquemment 4 fr. de différence , ou 4,000 fr. Mais comme je dois abandonner la prime , attendu que le cours est de beaucoup au-dessous du prix auquel j'ai acheté, il faut réduire mon bénéfice de 1,000 fr. ; il me restera donc définitivement 3,000 fr. Cependant cette opération a pu se conclure à l'abri de mon marché à prime sans l'attaquer si le terme stipulé n'est point arrivé. Dans cette position je me trouve toujours possesseur de 5,000 fr. de rentes à 64 fr. *dont un ;* je puis donc opérer de nouveau , avec ce marché , si le cours des rentes me le permet. Ainsi je suppose que la rente , après avoir été à 58 fr. , remonte à 61 ou 62 fr. , je revends à ce cours et recommence la même opération jusqu'au jour où doit se terminer mon marché libre.

Il m'est loisible , après mon opération à la baisse , si le terme de mon marché libre n'est point arrivé, de spéculer à la hausse. Il faut, dans ce cas, ne point revendre à l'abri de ma prime et rester sur mon premier marché ; mais il faut, pour que j'obtienne un bénéfice, que le cours s'élève au-dessus de 64 fr.

Il faut bien savoir que lorsqu'on a spéculé à la hausse avec son marché à prime, et que l'on a vendu au-dessous du prix de son acquisition, comme cette vente est ferme, si la baisse survient on n'est pas tenu de livrer ses rentes à prime, dans le cas où le cours serait au-dessous du prix auquel on les a achetées par marché libre ; on doit, dans cette occurrence, acheter des rentes fermes pour opérer sa livraison. Exemple : Mes rentes à prime coûtent 64 fr. *dont un*, le cours fin du mois s'élève jusqu'à 66 fr ; je vends ferme à ce prix. Mais ce cours ne se soutient pas ; il retombe à 62 fr. 50 c., je dois racheter ferme alors, parce que j'ai naturellement plus d'avantage de livrer des rentes, à ce prix, à mon acquéreur à 66 fr., que de lui en livrer qui me coûtent 64 fr.

En supposant que le cours des effets eût éprouvé les variations ci-dessus décrites, c'est-à-dire qu'il eût été depuis 62 fr. jusqu'à 58, de 58 à 66 et de 66 à 62 fr. 50 c., qu'on eût acheté à prime à 64 fr. *dont un*, et fait toutes les opérations dont on vient de parler, il en résulterait que la première aurait donné 4 p. $\frac{0}{0}$ de bénéfice, ou 4000 fr., et que la seconde aurait donné 3 $\frac{1}{2}$ p. $\frac{0}{0}$, ou 3500 fr., sur lesquels il faut déduire le prix de la prime abandonnée ; on aurait donc, en définitive, un bénéfice net de 6500 fr.

Lorsqu'on veut spéculer à la hausse et à la baisse en même temps, on fait acheter une somme quelconque de rentes à prime, on en revend moitié ferme et l'on reste sur l'autre moitié : de telle sorte que, si les fonds baissent, la moitié vendue doit apporter un bénéfice, de même que, s'ils haussent, la moitié sur laquelle on est resté doit également en apporter. Exemple : Je veux spéculer à la hausse et à la baisse en même temps ; je fais acheter 10,000 fr. de rentes à 66 fr. *dont un*, ce qui forme 2000 fr. de prime que je paie de suite. Je suppose le cours des rentes ferme à 64 fr. : acquéreur de 10,000 fr. de rentes dont je puis disposer à ma volonté jusqu'au terme du marché, je vends 5000 fr. de rentes ferme à 64 fr. et reste possesseur de 5000 autres à 66 fr. Dans cette position, si le cours de la rente vient au-dessous de 64 fr., je rachète ferme les 5000 francs que j'ai vendus à ce prix : de même que si le cours dépasse 66 fr., je vends les 5000 sur lesquels je suis resté. Mon bénéfice se compose des différences qui résultent de mes ventes et de mes rachats. Ainsi j'ai vendu 5000 fr. à 64 fr. : la rente baisse à 62 fr., je rachète à ce cours, mon bénéfice est donc de 2000 fr. Au lieu de baisser, la rente monte jusqu'à 68 fr., je vends alors les

5ooo que j'ai conservés, et mon bénéfice est également de 2000 fr. Si le cours ne m'a permis de faire qu'une seule de ces opérations, mon bénéfice sera absorbé par le déboursé de la prime, qui est, comme on l'a vu, de 2000 fr., et le marché sera comme nul. Aussi ces opérations ne sont-elles utiles que dans les momens de grandes variations, parce qu'avec elles on peut spéculer à la hausse et à la baisse, *et vice versâ.* Ainsi, par exemple, j'ai vendu ferme à 64 fr. 5ooo fr. de rentes, et j'en possède 10,000 à prime à 66 fr. *dont un,* comme je l'ai dit. Les fonds tombent à 62 fr., je rachète à ce cours les 5ooo fr. que j'ai vendus ferme, en faisant un bénéfice de 2000 fr.; par ce rachat, je me trouve possesseur de toute ma première acquisition à prime, de sorte que si les fonds remontent jusqu'à 67 fr., et que je vende mes 10,000 fr. de rentes à prime à ce taux, j'aurai un p. $\frac{o}{o}$ de bénéfice, ou 2000 fr., sur ces 10,000 fr. de rentes : la double opération m'aura donc rapporté 4000 fr. net.

Il n'y a qu'une grande stagnation dans le cours qui puisse faire perdre dans une opération de cette nature; encore la perte ne peut-elle jamais dépasser le montant de la prime et la différence qui se trouve exister entre la moitié vendue et le prix de l'acquisition de cette même moitié à prime, c'est-à-dire, la différence de la vente à 64 fr., à l'achat de 66 fr.

Les engagemens pour les marchés à prime se font à peu près de la même manière que les engagemens pour les marchés fermes. Ils se font sous seings-privés. On peut les faire double, mais c'est peu l'usage ; le vendeur donne seulement sa signature, il peut cependant exiger celle de l'acquéreur, si cela lui convient. Voici le modèle de ces actes.

MODÈLE DE L'ACTE D'ACHAT.

LIQUIDATION d'août 1821. F. 10,000 RENTES, 5 p. % consolidés, *Marché libre.*

à 66, doit. 132,000

Prime reçue. . . . 2,000

Net. 130,000

Le 31 août fixe, *ou plus tôt à volonté*, en me prévenant 24 heures d'avance, il me sera livré par M. Dumont, agent de change, 10,000 fr. de rentes, 5 p. % consolidés, jouissance du 22 mars 1821, contre le paiement de la somme de 130,000 fr.

Le porteur sera tenu de l'avertir au plus tard à la bourse du 31 dudit mois d'août, s'il entend retirer lesdites rentes, passé laquelle époque le présent marché sera nul et sans effet.

Paris, ce 3 août 1821.

THOMAS.

MODÈLE DE L'ACTE DE VENTE.

LIQUIDATION   *Marché libre.*
d'août 1821. F. 10,000 RENTES , 5 p. $\frac{0}{0}$ consolidés ,
                 à 66 fr., doit.   . . .   132,000
                 Prime reçue.   . . .   2,000
                                       ‾‾‾‾‾‾‾‾‾‾
                 Net.   130,000

Le 31 août fixe, *ou plus tôt à volonté ,*
en me prévenant 24 heures d'avance, je
livrerai à M. Thomas 10,000 fr. de rentes,
5 p. $\frac{0}{0}$ consolidés, jouissance du 22 mars
1821, contre le paiement de la somme de
130,000 fr.

Le porteur sera tenu de m'avertir , au
plus tard , à la bourse du 31 dudit mois
d'août, s'il entend retirer lesdites rentes,
passé laquelle époque le présent marché
sera nul et sans effet.

Paris, ce 3 août 1821.

DUMONT, *agent de change.*

On a dû remarquer que la clause *ou plus tôt
à volonté* se trouvait aussi comprise dans les
actes ci-dessus. Il en résulte donc que l'acquéreur, par marché libre, conserve la même
faculté que dans les marchés fermes , c'est-
à-dire, qu'il peut forcer son vendeur , en le
prévenant vingt-quatre heures d'avance, à
livrer les rentes qu'il lui a achetées. Le ven-

deur prévenu conserve aussi, comme dans les marchés fermes, le délai de cinq jours pour faire sa livraison. On observera toutefois qu'il est très-rare de voir escompter les marchés libres; par deux raisons : La première, parce que les rentes à prime étant toujours à un prix plus élevé que les rentes fermes, il faut une grande hausse pour trouver un intérêt à faire cette opération; la seconde, parce qu'il n'est pas dans les intérêts de l'acquéreur d'escompter, puisque par l'escompte il termine un marché avant le jour fixé, et que, du jour de l'escompte à ce jour fixé, son marché libre peut lui offrir plusieurs chances de gain qu'il annulerait.

On a dû remarquer également que l'acte de vente, par marché libre, était souscrit par l'agent de change seul et que sa garantie était évidemment stipulée; c'est encore une contravention à l'article 86 du code de commerce, ce qui fait que les marchés à prime se trouvent absolument dans la même position que les marchés fermes, c'est-à-dire, que leur validité peut être légalement attaquée.

Lorsqu'au jour du terme l'acquéreur se trouve sur ses rentes à primes, il doit faire attention au cours des rentes pour terminer son marché. Par exemple : L'acquéreur à 64 fr.

dont un, possédant des rentes qui ne lui reviennent net qu'à 63 fr. , si le 31 du mois, jour de
l'expiration de son marché, le cours est à
63 fr. 5o c., il doit lever les rentes qu'il a acquises à prime, et les revendre de suite à ce
cours de 63 fr. 5o c., parce qu'alors il rentre
dans la moitié de sa prime, et ne se trouve
plus en perte que de l'autre moitié.

SECTION II.

Des ventes à prime.

Autant il est avantageux d'acheter des rentes à prime, autant il y a d'inconvéniens à en
vendre à découvert par ce marché, c'est-à-
dire, à vendre des rentes qu'on ne possède pas.

En effet, le vendeur, moyennant la prime
qu'il reçoit, est à la disposition de l'acquéreur jusqu'au jour de l'annulation ou de la
consolidation du marché. Il ne peut jamais
savoir si on lèvera ou non les rentes qu'il a
vendues.

Ce marché ne peut raisonnablement convenir qu'aux porteurs d'inscriptions. Ceux-ci
peuvent y trouver de l'avantage, parce que,
comme on l'a déjà dit plusieurs fois, le prix
des rentes à prime est toujours plus élevé que
celui des rentes fermes ; et, en supposant que
le cours auquel ils ont acheté leurs inscrip-

tions soit inférieur au cours des primes , ils ne peuvent faire un mauvais marché en les vendant à prime ; car , si les rentes sont levées , elles sont payées plus chères qu'elles n'ont coûté ; si elles ne le sont pas , la prime est acquise au vendeur et sert encore à diminuer le premier prix d'achat de l'inscription.

Le vendeur à découvert , au contraire , incertain de la solution de son marché , ne peut connaître sa véritable position qu'au jour de son terme.

Ce sont les ventes à prime à découvert qui occasionent les grandes variations que l'on voit assez fréquemment dans le cours des effets publics. Avec ces marchés , jamais une hausse comme une baisse ne peuvent être raisonnées , elles dépassent toujours l'idée qu'on veut s'en former. La raison en est facile à concevoir : les ventes à prime doublent les opérations dans les cours orageux. Par ces marchés , il existe une opération subordonnée au cours des fonds et résoluble par la seule volonté de l'acquéreur. Celui donc , par exemple , qui vend à 64 fr. *dont un* , des rentes qu'il ne possède pas , lorsque le cours des rentes fermes est à 62 fr. , ne sait pas s'il doit les acheter à ce dernier prix pour faire sa livraison , puisqu'il ne peut savoir si on la lui de-

mandera. Cependant supposons qu'il les achète, et cette supposition a souvent sa réalité
dans cette nature de spéculations, le voilà
possesseur de rentes fermes qu'il a seulement
l'espoir de vendre 64 fr. dans le cas où son
acquéreur à prime les lèverait. Mais les fonds
venant à baisser, il se trouve dans la nécessité
de vendre le plus promptement possible, afin
d'éviter une grande perte. Les rentes qu'il a
achetées 62 fr. ne lui reviennent réellement
qu'à 61 fr., puisqu'il a touché un franc de
prime; de sorte que lorsqu'il vend au-dessous
de ce prix, il est en perte. Mais après s'être
défait de ses rentes fermes il n'en reste pas
moins à la disposition de l'acquéreur. Les variations se multipliant chaque jour, chaque
jour il peut se voir forcé d'acheter pour se
trouver en mesure vis-à-vis de celui avec lequel il a contracté ou pour se parer d'une
perte. C'est ainsi que lorsqu'une nouvelle
quelconque ou une mesure de finance doit
opérer une baisse, cette baisse se trouve aussitôt doublée par la vente de toutes les rentes
fermes acquises par les vendeurs à prime :
c'est ainsi de même que lorsqu'une nouvelle
doit produire la hausse, cette hausse se trouve
forcée par les acquisitions faites, par les vendeurs à prime, de rentes fermes, pour se met-

tre à portée d'opérer les livraisons qu'on pourra exiger d'eux.

On doit dire qu'il existe à la bourse des spéculateurs qui ont tellement l'habitude de ces marchés et qui savent les retourner avec une si habile promptitude, qu'ils ne redoutent point les ventes à prime à découvert; loin de là, ils se servent de la prime reçue comme d'une garantie pour eux, ils jouent avec elle et on ne les voit échouer que dans les variations subites des cours.

SECTION III.

Des primes pour recevoir.

Les primes pour recevoir sont encore une espèce de marché libre avec lequel on peut spéculer à la hausse et à la baisse, en limitant la perte que l'on pourrait éprouver, par une prime donnée ou reçue.

§ Ier.

Des primes pour recevoir, lorsque l'on croit à la hausse.

Lorsqu'un spéculateur croit à la hausse, et qu'il veut diminuer le prix de son acquisition en cas de baisse, il prend une prime pour recevoir des rentes à un prix déterminé. Exemple : Le cours des rentes est à 64 fr.; je demande alors un franc de prime, plus ou moins, pour recevoir des rentes, fin du mois, à ce cours. La prime que je reçois diminue mon prix d'acquisition dans une proportion égale à la valeur de cette prime. De sorte que si la prime est de un franc, mes rentes ne me reviennent plus qu'à 63 fr., etc., etc. Mais, par ce marché, je suis à la disposition de celui qui m'a donné la prime. A lui seul appartient le droit de résoudre l'opération ; ses droits sont les mêmes que ceux accordés à l'acquéreur dans les marchés libres précédemment traités.

Le marché est donc libre pour le donneur et incertain pour le preneur ; ainsi, pour suivre l'exemple précité, si les rentes données à 64 fr., moyennant une prime, pour forcer à les recevoir à ce cours, viennent à 66 fr. au jour du terme du marché, il est indubitable que le donneur fera l'abandon de sa prime, car autrement il perdrait bénévolement 2 p. $\frac{0}{0}$. Mais au contraire, si le cours tombe à 60 fr., le donneur force le preneur à recevoir les rentes qu'il lui a vendues 64 fr.

§ II.

Des primes pour recevoir, lorsque l'on croit à la baisse.

CE marché-ci est l'inverse du précédent. Il faut croire à la hausse lorsqu'on accepte une prime pour recevoir des rentes à un prix fixé : il faut croire à la baisse lorsqu'on la donne pour contraindre à recevoir des rentes à ce même prix fixé. Par ce marché, le donneur évite les dangers de la vente à découvert et limite sa perte à la quotité de la prime. Exemple : Les rentes sont aujourd'hui à 70 fr. ; j'ai l'opinion qu'à la fin du mois elles seront à un cours moins élevé, je donne alors une prime pour forcer à en recevoir au cours de 70 fr. à la fin du mois. Si, à cette époque, les rentes sont tombées à 65 fr., il en résulte que, pouvant forcer mon preneur à recevoir des rentes à 70 fr., j'ai pour moi un bénéfice de 5 p. %, par la raison que j'achète des rentes à 65 fr. pour les livrer à 70 fr. En cas de baisse, je fais l'abandon de la prime, et par ce moyen j'annule le marché.

SECTION I.V.

Des primes du jour au lendemain.

LES marchés à prime du jour au lendemain se font absolument de la même manière que les autres marchés libres, à l'exception que le terme de l'opération est plus rapproché. Ce terme est ordinairement fixé au lendemain du jour où le marché a été contracté. C'est à trois heures et demie précises, à la bourse, que les réponses se donnent pour savoir si le marché est ou non consolidé, suivant le cours qui existe en ce moment.

Les agens de change prêtent rarement leur ministère dans ces sortes d'opérations. Ce sont les spéculateurs nommés vulgairement *coulissiers* (1) qui font ces marchés entre eux.

_____

(1) Le nom de *coulissiers* donné aux spéculateurs habitués de la bourse, vient de l'entrée du parquet où se tiennent les agens de change. Cette entrée forme une coulisse ; or, comme ces spéculateurs sont très-avides de connaître les cours, ils encombrent ordinairement la coulisse pour être plus à portée de les entendre. La réunion des spéculateurs qui jouent entre eux, et sans se servir de l'intermédiaire des agens de change, a pris le nom de *coulisse*, de la place qu'ils occupent à la bourse. Les opérations de cette coulisse contribue souvent aux grandes fluctuations

On observera que le terme de ces marchés étant beaucoup plus court que dans les marchés libres ordinaires, les prix de la rente et de la prime doivent être moins élevés. C'est une règle générale des marchés libres, que plus leur terme est éloigné, plus les prix et de la rente et de la prime doivent être élevés; de même que plus il est rapproché, moins la rente et la prime doivent être chères.

Les marchés libres du jour au lendemain stipulant, à peu près, le terme le plus court, le prix de la rente doit peu différer de celui du comptant ou de celui de fin du mois. Ainsi, par exemple, lorsque les fonds valent 62 fr. 50 c., la rente à prime du jour au lendemain peut valoir 62 fr. 75 c., *dont quinze centimes de prime.* Le prix de cette prime varie en raison des risques qu'il y a à courir; elle est beaucoup plus élevée dans les momens de grandes variations. La liquidation de ces marchés se fait, soit à l'instant même de la réponse de l'acquéreur, soit à la fin du mois avec la

---

du cours des effets publics, parce qu'en général, la masse de ces opérations est presque toujours dans le même sens; ainsi elle est, ou entièrement à la hausse, ou entièrement à la baisse. Les liquidations de la coulisse amènent souvent de fâcheux résultats.

liquidation générale. Elle est faite de suite lorsque l'acquéreur fait l'abandon de sa prime ; elle se fait fin de mois, lorsqu'il déclare prendre livraison des rentes. Par cette dernière opération, le marché devient ferme et à terme, c'est pourquoi sa liquidation se trouve remise à la fin du mois.

SECTION V.

De la liquidation des marchés libres.

Ce qu'on a dit au chapitre 9, section 2, peut s'appliquer aux marchés libres ; leur liquidation se fait de la même manière lorsqu'ils sont consolidés, c'est-à-dire, lorsque les acquéreurs à prime lèvent les rentes qu'ils ont achetées. Dans le cas contraire, la prime se trouvant abandonnée, le marché est annulé et sa liquidation faite, puisque la prime a été payée d'avance.

Le terme des marchés libres fait généralement éprouver d'assez grandes variations aux fonds publics, parce que, si le vendeur à prime à découvert n'est pas levé et qu'il ait acheté des rentes fermes dans l'intention de les faire servir à sa livraison, il se trouve forcé de les revendre puisqu'il n'en a plus l'emploi, voilà une raison de baisse ; et, s'il

est levé et qu'il n'ait point la rente pour la
livrer, il est contraint d'acheter très-prompt-
tement, et cet achat détermine la hausse. La
position des primes cause donc, au jour
des liquidations, des variations de cours qu'on
attribue trop souvent à la politique ou à toute
autre chose.

CHAPITRE XI.

Des reports.

On appelle *report*, en termes de bourse, le marché qui reporte l'opération faite pour la fin d'un mois à la fin du suivant.

Les marchés fermes seuls peuvent se reporter. Les marchés libres n'ont pas la même faculté, parce qu'ils portent avec eux une clause résolutoire.

Les reports servent à prolonger une opération, soit à la hausse, soit à la baisse.

Exemple : lorsque j'ai fait une spéculation à la hausse à terme et que je désire prolonger mon opération, je fais vendre, à l'échéance du terme, les rentes par moi précédemment acquises, au cours existant alors, et les fais racheter en même temps et au même cours pour la fin du mois qui suit. S'il se trouve une différence entre mon premier prix d'acquisition et le prix de cette dernière vente je la dois de suite si elle est à mon désavantage; elle m'est due dans le cas contraire.

Si je désire prolonger une spéculation à la baisse, je fais racheter, au terme du marché,

les rentes par moi vendues dans le courant
du mois et les fais revendre fin de celui
qui va suivre. Ce rachat et cette nouvelle
vente se font au même cours. La différence
entre les prix de rachat et vente se liquide de
suite.

On peut donc, au moyen des reports, suivre
une opération aussi long-temps qu'on le désire. En voici un exemple :

Je fais une opération à la hausse à terme et
je veux la continuer après l'échéance de ce
terme. J'achète 5,000 fr. de rentes à 70 fr.
pour fin d'août. A la fin d'août la rente est à
69 fr. ; je vends mes 5,000 fr. et les rachète
aussitôt à ce cours pour la fin de septembre.
Par cette opération je reste acquéreur de
5,000 fr. de rentes sur lesquelles je continue
à spéculer à la hausse. Je dois la différence du
prix de la vente au prix de ma première acquisition, c'est-à-dire, de 70 fr. à 69 fr., ou 1 fr.
ou 1,000 fr. Si à la fin d'août la rente est à
72 fr. au lieu de 69 fr., je fais absolument la
même opération, à l'exception qu'il y a une
différence de 2 fr. ou 2,000 fr., à mon avantage, qui doit m'être payée.

Dans une opération à la baisse, j'ai vendu
5,000 fr. de rentes fin d'août à 72 fr. A la fin
d'août la rente est à 71 fr. ; je rachète et re-

vends en même temps à ce cours pour fin septembre. Mon rachat sert à livrer les rentes
que j'ai vendues à 72 fr.; de sorte que je reste
vendeur de 5,000 à 71 fr. Il m'est dû, dans
cette position, une différence de 1 fr. ou 1,000 fr.
Si la rente, au lieu d'être à 71 fr., était mon-
tée à 74 fr., je ferais la même opération,
c'est-à-dire, que je rachèterais à ce cours et
que je revendrais aussitôt à ce même cours;
je serais alors débiteur d'une différence de 2 fr.
ou 2,000 fr., mais je resterais vendeur de
5000 fr. à 74.

On voit donc, qu'au moyen des reports,
on peut suivre une opération aussi long-temps
qu'on le désire.

On nomme encore *report* la différence qui
existe quelquefois entre le cours de la rente
au comptant et celui de la rente à terme; on
nomme enfin *report* la différence qui existe
entre le cours de la rente fin de mois et celui
de la rente fin du mois qui suit.

La différence qui existe entre le cours de la
rente au comptant et celui de la rente à terme,
résulte du plus ou du moins d'opérations à terme, soit en hausse, soit en baisse. Le cours des
rentes au comptant est nécessairement moins
variable que celui des rentes à terme, attendu
le petit nombre de ces marchés. De sorte que,

lorsque les spéculations à la hausse à terme sont nombreuses, le cours de la rente fin de mois sera naturellement plus élevé que celui de la rente au comptant; de même que lorsqu'il y a beaucoup de spéculations à la baisse, le cours des rentes fin de mois sera au-dessous de celui des rentes au comptant.

La différence qui existe entre le cours de la rente fin de mois et celui de la rente fin du mois qui suit, s'établit, à peu près, par les mêmes causes que celles ci-dessus décrites; cependant il en est encore une autre qui est fondée autant en raison qu'en équité : c'est que la rente portant avec elle un intérêt de 41 centimes ⅓ par mois, cet intérêt doit être ajouté au prix de la rente lorsqu'elle est vendue dans un mois pour la fin du suivant.

Les reports ou différences du comptant à fin de mois et de fin de mois à fin du suivant, s'élèvent depuis 5 centimes jusqu'à 30, 40, 50, 80 centimes et bien au-dessus dans les momens de crise. Ils offrent aux capitalistes et aux porteurs d'inscriptions les moyens de faire valoir leurs fonds et leurs rentes sans qu'ils aient à courir de chances.

Les capitalistes peuvent faire valoir leurs fonds, lorsque le cours fin de mois est plus élevé que celui du comptant, et lorsque le cours de la fin du mois suivant est également plus élevé que celui de fin de mois.

Exemple : Le cours des rentes au comptant est à 63 fr., et celui fin de mois à 63 fr. 25 c. Pour faire valoir mes capitaux, j'achète au comptant 5,000 fr. de rentes à 63, et les revends fermes aussitôt pour la fin du mois 63 fr. 25 c. Il résulte de ce marché une diffé-rence de 25 c. ou 250 fr. C'est un bénéfice que je fais sans avoir couru les chances ni de la baisse, ni de la hausse, puisque mon opération s'est conclue de suite en achetant et vendant dans le même moment et par le même marché.

Dans les reports de la fin d'un mois à la fin du suivant, l'opération est la même. J'ai 5000 fr. de rentes fin d'août, qui me coûtent 64 fr. 50 centimes ; le report pour fin septembre est de 45 centimes ; je vends mes 5000 fr. à 64 fr. 95 centimes pour fin septembre, et j'ai de bénéfice 45 centimes ou 450 fr.

Les propriétaires d'inscriptions de rentes peuvent augmenter leur produit sans courir de risques, lorsque le prix de la rente fin de mois est au-dessous de celui de la rente au comptant. Ce cas est rare et n'arrive guère que dans les bouleversemens politiques.

Exemple: Le cours des rentes au comptant est 63 fr., et celui de la rente fin de mois est à 62 fr. 75 centimes ; je vends mes rentes au comptant 63 fr., et les rachète, fin de mois, à 62 fr. 75 centimes, en même temps; il en résulte une différence, à mon avantage, de 25 centimes. Mais comme dans cette opération je me trouve acquéreur fin de mois, j'ai la faculté d'escompter et de forcer mon vendeur à me livrer cinq jours après l'en avoir prévenu. Après ce délai, je serai rentré dans mon inscription et me trouverai à même de recommencer la même opération, si la situation du report me le permet.

On doit voir que cette opération est susceptible d'être faite quatre à cinq fois dans le même mois, au moyen des escomptes, puisqu'elle peut se renouveler tous les cinq jours. Le porteur d'inscription, lorsque la rente à terme est au-dessous de la rente au comptant, a donc plus d'avantage que le capitaliste, parce que ses rentes lui donnent la faculté d'opérer plusieurs fois, parce qu'il est toujours acquéreur. Le capitaliste ne peut faire qu'une seule opération, parce qu'il se trouve vendeur à terme.

Dans les temps tranquilles, lorsque la politique ne trouble point les spéculations qui se font sur les effets publics, le prix de la rente à terme est toujours plus élevé que celui de la rente au comptant. En voici à peu près la raison : en temps de paix, l'industrie a tous les moyens de développer son activité, de déployer ses ressources ; la confiance se ranime et pénètre jusque chez les capitalistes les plus timorés ; les capitaux s'augmentant par le travail et l'économie, ne peuvent rester oisifs ; ils viennent donc se placer, en partie, sur les fonds publics et en élèvent nécessairement le prix. Cette hausse, qui toujours devrait se niveler avec la valeur de l'argent, n'est cependant pas toujours calculée. Les spéculateurs à terme en sont généralement cause, parce que, spéculant sur les différences seulement et n'employant pas de capitaux, ils achètent sans s'occuper du prix réel de la marchandise, mais dans l'espoir de vendre à un plus haut prix que celui auquel ils ont acquis. Ils forcent la hausse, et cette hausse finit par déclasser une masse de rentes telle, que la place ne peut que difficilement la supporter. L'augmentation du report devient alors considérable ; on les a vu s'élever jusqu'à 2 fr., et dans les premiers jours de novembre 1818 jusqu'à 4 fr. Cela ne paraîtra pas extraordinaire lorsqu'on pensera que l'acqué-

reur à terme est chargé d'une quantité de
rentes qu'il ne peut pas payer ; qu'il est forcé,
lorsqu'on vient lui livrer l'inscription, de
transiger avec le vendeur. Il faut qu'il se liquide ou qu'il ajourne son paiement jusqu'à
la fin du mois qui suit son opération, pour
conserver l'espérance que, dans cet intervalle,
un cours plus élevé le mettra dans la position de réaliser un bénéfice. Pour obtenir
cet ajournement et cette transaction, il est
obligé d'offrir au vendeur un bénéfice ou une
prime, si l'on veut, pour l'indemniser du
retard qu'il apporte à son paiement (ce bénéfice, ou cette prime, ne sont autre chose que
le report).

Si tous les vendeurs consentaient à reporter,
les capitalistes ne pourraient pas faire valoir
leurs fonds sur reports ; les propriétaires de
rentes en feraient seuls le bénéfice. Mais les
vendeurs possesseurs de leur inscription, et
non vendeurs à découvert, ayant besoin de
leur argent *hic et nunc*, il est indispensable
que l'acquéreur se le procure de suite et à
quelque prix que ce soit, pour l'accomplisse-
ment de son marché ; il s'adresse donc au capitaliste qui veut bien consentir à payer le
montant de l'inscription; elle est transférée à
son nom, mais il la revend aussitôt, augmentée

du prix du report (1). Cette transaction qui a
lieu chaque mois est, pour ainsi dire, invisi-
ble à la bourse, parce que les agens de change
chargés des ordres, et des capitalistes et des
spéculateurs, arrangent leurs affaires sans
qu'ils se connaissent entre eux.

On doit remarquer que par cette opération
les capitalistes se trouvent chargés de toute la
masse des rentes flottantes, mais seulement
pour un mois ; car ils n'entrent dans la rente
que pour en sortir aussitôt ; de sorte que, s'il
arrivait que le retirement des capitaux eût
lieu, ce retirement laisserait une quantité de
rentes sur la place qui occasionerait une
baisse désastreuse. Un semblable événement
a causé les malheurs des mois d'octobre et
novembre 1818. Les emprunts de juin de la
même année en ont été la principale cause.
Tous les prêteurs avaient vendu à terme ; ils
ont reporté leurs rentes en juillet, août et
septembre, et les ont livrées en octobre et novembre ; les acquéreurs se trouvant sans écus

_____

(1) On voit qu'à proprement parler, le report n'est autre chose qu'un prêt sur dépôt de rentes. L'inscription est
transférée au prêteur, et le terme du remboursement est
fixé à la liquidation, c'est-à-dire, au 5 du mois qui suit
celui de l'opération.

pour les payer et ne pouvant que difficilement se les procurer auprès des capitalistes, le cours de la rente a baissé de 80 fr. à 60 fr. dans l'espace d'un mois.

Bien des personnes ont souvent paru surprises de voir l'argent placé sur report produire 1 et même 2 pour cent par mois, tandis qu'il ne valait dans le commerce que 4 p. ‰ par an. Elles ne pouvaient concevoir une si énorme disproportion ; cependant, en y réfléchissant, on est forcé de la trouver raisonnable. On sait que l'argent doit rapporter en raison des risques que l'on court ; ainsi, la hausse du report tient presque toujours à la hausse de la rente, parce qu'on le répète, une grande hausse déclasse beaucoup de rentes. L'homme qui place ses fonds sur reports, reçoit, pour gage de son argent, une inscription de rente à un cours très-élevé ; il a contre lui les chances de la baisse, bien qu'il ait vendu de suite à un cours plus élevé encore, parce que s'il arrive une baisse assez grande pour rendre insolvable son acquéreur, il ne lui restera plus entre les mains qu'un nantissement dont la valeur sera diminuée de toute cette baisse. Voilà les risques et conséquemment la cause du haut intérêt de l'argent. Lorsque les variations du cours des fonds sont peu sensibles, l'argent placé sur reports ne donne qu'un intérêt médiocre, parce que les dangers ne sont pas imminens.

En résumé, voici les principes qui déterminent la marche des reports : lorsqu'il y a beaucoup de rentes sur la place, et peu d'argent, le report est toujours élevé; lorsqu'il y a beaucoup d'argent, et peu de rentes, le report est nul.

Pour éclairer ces principes, on doit se souvenir que les spéculateurs à la hausse à terme, n'opèrent que sur les différences; qu'ils ne peuvent payer les rentes qu'ils ont acquises que par le secours des capitalistes; que la masse des rentes flottantes causée, soit par déclassement, soit par création de nouvelles rentes, doit raréfier l'argent, rendre les risques plus considérables, et, en définitive, augmenter le prix du report. Que si, dans le cas contraire, il se trouve peu de rentes flottantes et de nombreux capitaux, les rentes seront absorbées par ces capitaux, et le report cessera d'exister. Les rentes au comptant et à terme seront au pair.

De grandes spéculations à la baisse, fondées sur des événemens politiques, mettent quelquefois, comme on l'a observé plus haut, le cours de la rente à terme au-dessous de celui du comptant, c'est encore un moyen employé par le spéculateur pour forcer le capitaliste à entrer dans la rente, par l'appât qu'il lui offre d'acheter meilleur marché à terme qu'au comptant.

CHAPITRE XII.

Des courtages.

LES courtages sont la juste rétribution ac-cordée aux agens de change pour les négocia-tions dont ils sont chargés. L'édit du mois de septembre 1705 les a fixés à $\frac{1}{4}$ p. $\frac{0}{0}$, $\frac{1}{8}$ payable par l'emprunteur, et $\frac{1}{8}$ payable par le prêteur. À cette époque les agens de change n'étaient chargés que de la négociation des effets de commerce. La loi du 28 ventôse an 9 les ayant chargés des transferts et négociations des effets publics, il fallut régler leurs droits de courtage pour ces opérations. L'article 13 de l'arrêté des consuls du 29 germinal suivant, déclare que les usages locaux seront suivis jusqu'à ce qu'un arrêté des consuls les fixe dé-finitivement. Ce fut en l'an 10 que les droits de courtage furent réglés à un $\frac{1}{4}$ p. $\frac{0}{0}$, pris sur le produit net de la vente ou de l'achat des effets publics.

Il faut convenir que si ces droits étaient exigés aujourd'hui, ils seraient exorbitans. Lorsqu'ils furent établis la dette venait d'être réduite, et les transactions qu'elle occasio-

nait étaient insignifiantes ; d'ailleurs le cours
du tiers consolidé ne passait pas 25 fr. à 30 fr.,
de telle manière que le quart pris sur ces produits n'avait rien d'exagéré. Aujourd'hui la
dette est décuplée, les opérations pour ainsi
dire centuplées et la valeur vénale de la rente
triplée ; ainsi le droit d'un agent de change,
en l'an dix, sur 5000 fr. de rentes, vendues
ou achetées à 30 fr., se montait à 75 fr., quart
p. ⅒ de la somme de 30,000 fr. Son droit aujourd'hui, sur la même somme de 5000 fr.
de rentes achetées ou vendues à 88 fr., serait
de 220 fr., quart p. ⅒ de la somme de 88,000 fr.
On voit qu'il n'existe plus de proportion entre
les droits que le gouvernement a voulu auto-
riser et ceux qui pourraient encore être exigés
en vertu de cette autorisation ; car, je le répète, le prix des rentes triplé, la dette décuplée, les opérations centuplées par le moyen
des marchés à terme, donneraient aux agens
de change un monopole plus lucratif et non
moins nuisible que celui des fermiers généraux avant la révolution. Mais la raison des
hommes précède toujours celle des gouvernemens, et les agens de change ont eu le bon
esprit de réduire d'eux-mêmes leurs droits de
courtage, bien que leurs règlemens les conservent ostensiblement. Ils prennent un droit

de 5 centimes de différence sur les opérations à terme; ces 5 centimes se prélèvent sur la valeur nominale de la rente et forment une somme de 5o fr. par 5ooo fr. de rentes achetées ou vendues; ils prennent ⅛ p. % pour les opérations au comptant, ce ⅛ se prélève sur la valeur écus.

Les funestes baisses d'octobre et de novembre 1818, ayant ruiné une grande partie des spéculateurs; les agens de change, accablés eux-mêmes par tant de désastres, se trouvaient dans la plus cruelle position. Les étrangers monopoleurs du dernier emprunt étaient tous vendeurs, et faisaient tous les bénéfices; les agens de change, employés par eux, avaient suivi leurs opérations; une administration vicieuse fermait les yeux sur des connivences peut-être criminelles. Dans d'aussi fâcheuses conjonctures, la liquidation de novembre ne pouvait pas se faire, légalement elle ne le devait pas, parce que les agens de change n'étaient pas garans de l'exécution des marchés. Mais les étrangers, et principalement leurs agens qui gagnaient des sommes énormes, ont vu le péril où ils étaient; ils avaient de précédentes pertes à réparer et voulaient à tout prix réaliser leurs bénéfices. C'était là la grande difficulté : la moitié et plus des agens de change se trouvait ruinée par la garantie qu'on exigeait dans les marchés ; la fortune de l'autre moitié se trouvait compromise. Les agens gagnans firent donc la proposition de prendre aux agens malheureux toutes les sommes dont ils pourraient disposer, et de faire contribuer le reste de la compagnie pour compléter le déficit de la liquidation. Par ce moyen, 20 millions furent payés le 7 décembre 1818, et tous les bénéfices réalisés. Mais il fallait se rembourser d'avances aussi considérables, car sans cela ces bénéfices eussent été morcelés ; pour y parvenir, on établit une caisse sous les surveillance et direction du syndic de la compagnie, dont les fonds se composeraient de tous les courtages des comptes de retour et du produit d'un timbre apposé à chaque marché. Le droit de ce timbre fut fixé à 5 fr. par engagement de 5000 fr. de rentes, et mis à la charge du spéculateur. Les fonds de cette caisse se distribuent aux agens, et servent à les rembourser de leurs avances en capital et intérêts.

Les spéculateurs doivent donc ajouter au courtage de 5 centimes les 5 fr. de timbre, ce qui porte leurs frais à 55 fr. par chaque vente ou achat de 5,000 de rente.

Malgré cette réduction volontaire des cour-

tages, les sommes qu'ils produisent sont telle-
mént considérables, que les charges d'agens
de change qui sont au nombre de soixante,
sont demandées à 450,000 fr. , indépendamment de 125,000 fr. de cautionnement. C'est
un grand prix, il faut une grande sagesse
pour le maintenir ; peut-être ne serait-il pas
contre les intérêts bien entendus de la compagnie des agens de change, en réclamant des
lois qui régularisent les marchés à terme, de
demander en même temps une réduction régulière de courtage? Cette démarche de leur
part pourrait faire fermer les yeux sur le
monopole qu'ils exercent , et faire oublier
que son existence est contraire à la loi du
21 avril 1791 comme à la charte.

Cette réduction de courtage serait en effet
bien raisonnable : car quel est le spéculateur
de bon sens qui peut se hasarder à faire des
opérations lorsqu'il sait qu'il a contre lui 56
p. $\frac{0}{0}$ par chacunes d'elle, comme en voici un
exemple ? Dans les temps ordinaires, quand
les mouvemens des fonds sont peu variés, un
spéculateur opère dans l'intention de gagner
une différence de 50 centimes, c'est tout ce qu'il
peut désirer. Eh bien ! voila le résultat de son
opération; s'il achète 5,000 fr. de rentes et qu'il
gagne 50 centimes , il doit avoir 500 fr. de

bénéfice ; or, il faut réduire sur ce bénéfice deux courtages, l'un pour l'achat et l'autre pour la vente; ces deux courtages forment une somme de 110 fr. et réduisent conséquemment le bénéfice à 390 fr. Mais si au lieu de gagner 50 centimes il les perd, il faut joindre aux 500 fr. de perte les deux courtages, ce qui formera la somme de 610 fr. Il résulte donc de cette opération, qu'à jeu égal, il risque 610 fr. pour avoir 390 fr. : il y a donc bien contre lui 36 p. $\frac{0}{0}$ au moins par chaque opération. Si l'on réduit les 50 centimes à 25, la disproportion sera encore plus que doublée, car il risquera de perdre 360 fr. pour en gagner 140. Les chances de la loterie et des jeux publics sont moins défavorables.

Il me semble que ces raisons sont assez déterminantes pour nécessiter un changement dans les courtages, surtout lorsque l'on sait que le grand livre est chargé de 180 millions de rentes, dont 116 sont dans la circulation et ne peuvent circuler qu'en passant par les mains des agens de change ; lorsque l'on sait que les opérations à terme surpassent, dans le cours d'une année, peut-être de quatre fois, la valeur de la dette inscrite.

CHAPITRE DERNIER.

*Considérations sommaires sur la dette publique
et sur les finances en général.*

La dette publique s'est prodigieusement
augmentée depuis six ans ; elle est arrivée
même à un degré qui peut faire naître quelques inquiétudes aux créanciers de l'état si
la paix venait à être troublée, je ne dis pas
seulement en France, mais en Europe ; parce que nous n'avons pas la possibilité d'être
neutre, attendu que nous n'avons qu'une armée faible et que sans une armée respectable, une nation ne peut avoir de volonté.
L'inquiétude des créanciers de l'état peut
encore trouver à s'alimenter lorsqu'elle jette
un coup d'œil sur la multitude de banqueroutes employées par les gouvernemens pour
acquitter leur dette. On peut facilement se
souvenir que plusieurs rois de France, avant
la connaissance des rescriptions, des actions,
des rentes viagères, des tontines, du grand
livre, etc., etc., avaient trouvé les moyens
d'acquitter, à meilleur marché, les dettes de
leur gouvernement, en ajoutant une certaine

quantité d'alliage dans les monnaies du royaume. Les systèmes de Lass, de l'abbé Terrai, de M. de Calonne et leurs cruels résultats, sont d'autant plus faits pour inspirer de justes craintes, qu'un parti paraît, chaque jour, regretter une semblable administration, et, chaque jour, s'occuper de la rétablir. Ce parti oublie sans doute que c'est un embarras dans les finances qui a nécessité l'assemblée des états généraux, et qu'avec un administration identique on arriverait infailliblement à cette même nécessité, car enfin on ne peut demander d'argent qu'à ceux qui en possèdent. Dans la position actuelle des finances de la France, cette nécessité deviendrait bientôt pressante, car, en la comparant à celle de 1784, on verra que le danger serait imminent.

En 1784 la dette publique se montait à 207 millions ; les pensions à 28 millions ; et les dépenses totales de l'état à 610 millions. Les revenus n'allaient pas au delà de 586 millions. Le déficit était donc de 24 millions par années, et c'est cette modique somme qui a fait reconnaître enfin les droits du peuple, en forçant la réunion des états généraux.

En 1821, la totalité de la dette publique se monte à 333,832,782 fr., et se compose, savoir :

Rentes 5 p. º consolidés.	177,829,929 fr.
Caisse d'amortissement.	40,000,000
Reconnaissances de liquidation. . .	13,500,000
Remboursement du 1er. cinquième des reconnaissances.	3,884,128
Dette viagère.	10,800,000
Pensions.	63,964,725
Intérêts des cautionnemens.	12,000,000
Legion-d'honneur.	3,454,000
Ancien sénat.	2,000,000
Intérêts de la dette flottante. . . .	6,400,000
Total. . . .	333,832,782

La dépense totale s'élève à 887,787,263 fr. Les ressources pour faire face à de si grands frais d'administration ne sont pas encore épuisées; mais le plus léger échec soit politique, soit financier, peut les anéantir; tout cela ne tient qu'à un fil.

La dette publique surpasse donc, en 1821, de 98,832,782 fr. la dette de 1784; les dépenses de 1821 surpasssent donc de 277,787,263 fr. les dépenses de 1784. Or la possibilité de payer un surcroît aussi prodigieux de dépenses, ne tient qu'au système constitutionnel qui nous est promis, et ne tient absolument qu'à ce système : avec sa destruction tout l'édifice financier s'écroule, et la France retombe dans le tripotage d'une administration aussi cupide qu'inepte, et dont l'incurie forcée nous replongerait dans une nouvelle série de révolutions.

Déjà de grandes prodigalités se répandent ; elles sont outre mesure : on y fait encore face ; mais pourquoi en abuse-t-on ? J'entends souvent blâmer les excès glorieux d'un homme qui a commandé l'Europe, on lui reproche sans cesse de n'avoir su s'arrêter ; et ce sont les mêmes hommes, qui lui reprochent son peu de mesure, qui tombent dans des excès qu'aucun genre de gloire ne peut faire excuser. Comment se fait-il, par exemple, que les pensions soient portées à la somme exhorbitante de 63,964,725 fr. ? En 1784 elles étaient considérées comme excessives, quoiqu'elles ne fussent que de 28 millions de fr. , et faisaient dire à M. Necker : « Je n'aurai pas » besoin, je le pense, de grands efforts pour » faire sentir l'excès d'une pareille munifi- » cence : on dirait à voir cette profusion, » que l'or et l'argent sont apportés par les » flots de la mer ; au lieu que *les richesses* » *des souverains* sont *le produit des impôts*, et » l'accumulation *des sacrifices de la généra-* » *lité des citoyens ;* de ce peuple surtout, *qui* » *ne reçoit en récompense des travaux de sa* » *journée que la subsistance nécessaire pour*

» *lui donner la force de les reprendre le lende-*
» *main.* Qu'on ne dise point que telle grâce
» en particulièr est la récompense des ser-
» vices rendus à l'état : j'en conviendrai sans
» peine. Mais que répondra-t-on sur telle
» autre? ou comment défendra-t-on *le défaut*
» *de mesure* dans la fixation *du plus grand*
» *nombre* (1)? »

Que dirait donc M. Necker aujourd'hui ?
Il redouterait la banqueroute, le plus fatal
des remèdes pour les gouvernemens comme
pour les peuples. Car, comme l'a si bien observé M. Bricogne, « La *banqueroute* publi-
» que ne respecte ni règle, ni vertu, ni mo-
» rale ; elle ne laisse subsister aucune honnête
» industrie ; elle attaque, elle pervertit la
» probité ; elle introduit la corruption dans
» tous les rangs. Ce torrent dévastateur em-
» porte toutes les digues ; si on ne tarit sa
» source, il étendra au loin ses ravages ;
» il inondera tout un état d'un déluge de
» maux (2). »

---

(1) Administration des finances de France, t. 2, p. 390.

(2) *Avant la révolution*, dit encore M. Bricogne, la
banqueroute frappait fréquemment sur les effets publics
à terme ou à rentes perpétuelles ; on se servait des degrés
de banqueroute ci-après : ajourner les créances exigibles,
réduire les contrats d'un dixième, du cinquième, du quart,

La banqueroute est toujours le résultat et d'une mauvaise administration, et de dépenses occasionées par des guerres presque toujours désastreuses, ou les profusions d'un luxe de cour enfanté par la vanité, le libertinage, et constamment soutenu par les nombreux flatteurs des princes. L'histoire nous en offre la preuve la plus complète.

François Ier., héritier du trône de Louis XII, du père du peuple, en devint le fléau (1). L'économe administration du bon roi fut anéantie, et les finances de la France furent détruites par des guerres funestes, par les maîtresses. L'administration du gouvernement, successivement abandonnée aux caprices de la duchesse d'Angoulême, aux passions des ministres, à l'avidité des favoris, ne pouvait réparer le désordre qui régnait dans les finances; les monnaies furent altérées, et la *banqueroute*

---

de la moitié.... les annuler. Chaque contrôleur des finances se croyait, et était estimé d'autant plus habile, selon qu'il faisait subir, *par un bon édit bien injuste*, une plus forte réduction à la dette de l'état. (Opinion et observations sur le budget de 1814, etc., p. 267.)

(1) Louis XII, prévoyant les maux que l'humeur prodigue et inconsidérée de François Ier. causerait à la France, pleurait en disant : *Ce gros garçon gâtera tout.*

fut conséquemment la suite de cette mesure.
Les règnes de Henri II, de François II, de
Charles IX, de Henri III, n'offrent qu'une
suite de dilapidations plus monstrueuses les
unes que les autres. Mollesse, basses intrigues,
turpitude, libertinage effréné, assassinats,
fanatisme, atroce férocité, guerre civile effroyable, enfin débordement de crimes dont
nulle histoire n'offre d'exemples ; voilà, en
peu de mots, les cinquante années des quatre
règnes de ces rois (1). On doit penser que les
finances de l'état ne prospéraient pas à travers tant de maux, et qu'elles étaient nécessai-

---

(1) Le vice le plus exécré dans toute société, le vice qui
imprime le plus profondément des sentimens d'horreur,
est celui de la cruauté. François Ier., Henri II, Charles IX,
Henri III, se sont montrés presque aussi cruels que Néron,
Caligula, et autres monstres de l'antique Rome : comme
ces empereurs, ils ont mêlé des fêtes pompeuses à d'affreux supplices.

Comme eux, ces rois de France unissaient à *leur luxe
ruineux pour le peuple*, à leurs exploits sanguinaires, la
plus impudente débauche : corrompus, ils devenaient
corrupteurs ; et leurs exemples, pris pour modèles par les
courtisans, et reproduits par ceux-ci, corrompaient à
leur tour les classes inférieures, malheureusement trop en-
clines à imiter les vices embellis par le prestige des richesses et du pouvoir. (*Histoire de Paris*, par J.-A. Dulaure,
tome 3, page 243.)

rement livrées au plus affreux brigandage. Il
fallait un Sully pour rétablir l'ordre dans une
aussi inextricable anarchie, il fallait son économie sordide pour cicatriser tant de plaies. Un
roi brave qui eut le malheur de ne combattre
que ses sujets, un roi élevé à l'école du libertinage et enclin à ce défaut (1), mais d'un jugement sain, Henri IV enfin reconnut le génie
de Sully, et confia l'administration des finances à ce grand homme. La totalité des
impôts, en 1596, ne s'élevait pas au delà de
150 millions : 50 seulement entraient dans
les coffres de l'état, attendu les frais de perception. Sully porta ce revenu à 35 millions,
acquitta dans l'espace de dix ans 200 millions
de dettes, et en mit 30, argent comptant, en
réserve dans la bastille. Il fallait, pour qu'un
semblable phénomène fût possible, la réunion, malheureusement trop rare, d'un ministre habile et d'un roi libéral ; il fallait un
édit de Nantes pour mettre la tolérance à la

(1) Ce roi fut dominé pendant tout le cours de sa vie
par un penchant irrésistible vers la galanterie, ou même,
il faut le dire, vers la débauche. Ses maîtresses furent
nombreuses, et ses liaisons, formées par le caprice, ne
firent pas, généralement, honneur à sa délicatesse. (*Ibid.*,
p. 412, voir les *Mémoires de Bassompierre*, anciens et
nouveaux.)

place du fanatisme ; la loi à la place de l'arbitraire ; voilà les véritables élémens de la
félicité des peuples , et qui leur font considérer les impôts comme un devoir et non
comme une rapine.

Hélas ! cette prospérité que l'on devait aux
soins du sage Sully ne fut que transitoire
comme tous les biens qui nous viennent dans
ce monde par la voie des gouvernemens dévo-
lus à la seule volonté d'un individu ; car à
peine l'exécrable forfait qui priva la France
de Henri IV était-il consommé, que sa veuve,
Marie de Médicis, dissipa les trésors de la nation , après avoir chassé celui qui les avait
amassés.

Louis XIII ne paraît, comme roi de France,
que par son nom ; Richelieu régna seul ; s'il fut
grand politique, il ne fut pas économe des biens
du peuple , car les finances furent gaspillées
pendant tout le temps de son administration.

Les commencemens du règne de Louis XIV
furent troublés par une guerre civile qui ne
fit qu'ajouter aux désordres des finances ; et
les frondeurs et Mazarin les pillaient à qui
mieux mieux. Ce dernier, dit l'histoire, « gou-
» vernait les finances comme l'intendant d'un
» seigneur obéré. Il amassa plus de 200 mil-
» lions, et par des moyens non-seulement in-

» dignes d'un ministre, mais d'un honnête
» homme. Il partageait avec les armateurs les
» profits de leurs courses ; il traitait en son
» nom et à son profit des munitions des ar-
» mées ; *il imposait*, PAR DES LETTRES DE CACHET,
» *des sommes extraordinaires sur les généra-*
» *lités*. Souverain despotique, sous le nom de
» ministre, il ne laissa paraître Louis XIV ni
» comme prince, ni comme guerrier. Il était
» charmé qu'on lui donnât PEU DE LUMIÈRES,
» quoi qu'il fût surintendant de son éducation.
» Non-seulement il l'éleva très-mal, mais il
» le laissa souvent manquer du nécessaire. »
Ce roi mal élevé avait des idées de grandeur
contrariées sans cesse par les vices d'une mauvaise éducation (1). Vain, superstitieux, des-

---

(1) On l'avait bercé, dit Laporte, jusqu'à l'âge de huit
ans, avec les contes de Peau-d'âne; on s'opposait à ce que
le roi entendit la lecture des livres instructifs ; on lui par-
lait beaucoup de sa toute-puissance, de ses droits, et jamais de ses devoirs. Le plus grand de tous les crimes dont
on pût se rendre coupable, était de faire entendre au roi
qu'il n'était justement le maître qu'autant qu'il s'en ren-
drait digne. A peine le roi savait-il lire à quinze ans. (*Mé-*
moires de Laporte, page 250 et suiv.) Élevé dans la plus
grossière ignorance, dit Duclos, il n'acquit pas les qualités
qui lui manquaient, et ne conserva pas tout ce qu'il avait
reçu de la nature. (*Mémoires secrets du règne de Louis XIV*,
tome Ier., page 181—182.)

pote superbe, esclave de ses maîtresses et des prêtres (1) il fit de grandes choses pour la France, sans doute, mais pour la réduire ensuite à l'état le plus misérable (2). Le grand Colbert venait de signaler les dilapidations de Fouquet, qui n'a eu que le mérite d'avoir trouvé un ami dans La Fontaine, mérite très-rare, car les poëtes généralement ne chantent que les heureux du jour : l'ingratitude étant

---

(1) En matière de galanterie ou de débauche, Louis XIV se montra aussi scandaleux que son aïeul Henri IV. (*Ibid*, page 198. — Dulaure, *Histoire de Paris*, tom. 4, p. 351.)

(2) Les princes, dit Gorani, étant ordinairement les hommes les plus mal élevés de leurs états, sont aussi les plus superstitieux. Tant qu'ils ont des passions, ils ne s'occupent qu'à les satisfaire; lorsque ces passions s'éteignent, lorsque la vieillesse et les infirmités leur font sentir qu'ils n'ont plus qu'un instant à végéter, les préjugés religieux de leur enfance leur donnent des remords et des craintes, et pour les en délivrer, *prêtres, courtisans, maîtresses, ministres, leur persuadent* de calmer la divinité en détruisant ses ennemis, c'est-à-dire, en détruisant les *citoyens instruits et vertueux qui connaissent leurs impostures, leur rapacité, leurs déprédations, leurs crimes, et qui les détestent*, et ces vieux prête-noms de la tyrannie (ces rois) croient réparer tous les maux qu'ils ont laissé faire par de nouveaux crimes, par des massacres, comme fit Louis XIV avec *ses dragonades*. (*Recherches sur la science du gouvernement*, par le comte Joseph Gorani, tome 2, chap. 46, page 207.)

leur élément, Fouquet devait acquérir une
certaine célébrité, puisqu'au milieu de ses
malheurs il avait su conserver l'amitié et la
reconnaissance du premier comme du plus
aimable de nos moralistes. Fouquet, toutefois,
méritait sa disgrâce ; il usa et dissipa les finances du royaume comme les siennes propres;
il dépensa jusqu'à 56 millions pour sa maison
de Vaux ; mille autres déprédations l'accu-
saient. Le grand Colbert, dis-je, venait de
signaler ces désordres; Louis XIV les reconnut,
livra le surintendant à la vindicte des lois, et
confia la prospérité publique aux soins de Colbert même. Heureux choix, profond discerne-
ment, qui établirent pour long-temps la
supériorité de l'industrie française ! « Ce nou-
» veau ministre, disent les historiens, réta-
» blit bientôt l'ordre que son prédécesseur
» avait troublé, et ne cessa de travailler à la
» gloire du roi et à la grandeur de l'état. *Le*
» *beau siècle de Louis XIV* commença à éclore.
» On accorda des gratifications aux savans de
» la France et aux savans étrangers. Les let-
» tres dont le ministre accompagnait ces grâces
» étaient encore plus flatteuses que les présens
» mêmes. Le roi, connaissant par lui-même le
» mérite de Colbert, le fit surintendant des
» bâtimens, en 1664. Tous les arts qui ont

» quelques rapports aux bâtimens semblèrent
» alors revivre. La France vit des chefs-
» d'œuvre de peinture, de sculpture, d'ar-
» chitecture; la façade du Louvre, la galerie
» de la Colonnade, les écuries de Versailles,
» l'observatoire de Paris, etc. De nouvelles
» sociétés de gens de lettres et d'artistes fu-
» rent formés *par ses soins*. L'académie des
» inscriptions prit naissance dans *sa maison*
» même, en 1663. Celle des sciences fut éri-
» gée trois ans après, et celle d'architecture
» en 1671. Les compagnies qui avaient été fon-
» dées long-temps auparavant, comme l'aca-
» démie française, et celle de peinture et
» sculpture, se ressentirent de la protection
» que le nouveau Mécène accordait à tous les
» arts. Non content d'avoir rétabli les finan-
» ces, et d'avoir encouragé tous les gens de
» mérite, *il porta ses vues* sur la justice, sur
» la police, sur le commerce, sur la marine.
» Un conseil formé pour discuter toutes ces
» matières, donna ces règlemens et ces belles
» ordonnances qui faisaient le fondement du
» gouvernement. Le commerce, que la France
» n'avait exercé jusqu'alors qu'imparfaite-
» ment, fut généralement cultivé. Il se forma
» trois compagnies, l'une pour les Indes orien-
» tales, l'autre pour les Indes occidentales, et

» la troisième pour les côtes d'Afrique : toutes
» ces compagnies furent encouragées et ré-
» compensées. Le conseil du commerce fut
» rétabli. Le canal de Languedoc , entrepris
» pour la communication des deux mers ,
» transporta , jusque dans le cœur de la
» France, les denrées et les marchandises de
» toutes les parties du monde. Un grand nom-
» bre de vaisseaux furent construits en peu
» de temps. Des arsenaux bâtis à Marseille, à
» Toulon , à Brest, à Rochefort, renfermèrent
» tout ce qui était nécessaire à l'armement et
» à l'équipement de plusieurs flottes. Les
» draps fins, les étoffes de soie, les glaces de
» miroirs , le fer-blanc , l'acier, la belle
» faïence, le cuir maroquiné, que les étran-
» gers nous vendaient très-chèrement, furent
» enfin fabriqués dans le royaume. Chaque
» année de son ministère fut marquée par l'é-
» tablissement *de quelque manufacture*. On
» compta dans l'année 1669 , 44,200 métiers
» en laine dans le royaume. *Le but du grand*
» *Colbert était d'enrichir la France et de la peu-*
» *pler*. En entrant dans les finances, *il fit remet-*
» *tre 3 millions de tailles , et tout ce qui était*
» *dû d'impôts depuis 1647 jusqu'en 1656*. Telles
» étaient les occupations de ce digne ministre
» lorsqu'il mourut, en 1683 , à l'âge de

» soixante-quatre ans, consumé par les cha-
» grins que lui donnait *Louvois*, en le forçant
» à ruiner, par des vexations, le peuple qu'il
» avait enrichi par le commerce ; *seul martyr*
» *que* LE BIEN PUBLIC *ait eu, seul ministre des*
» *finances qui soit mort dans son emploi.* »

Avec ce grand ministre disparaissent le grand roi et toutes les merveilles de son règne. Le prince reste seul, et le désordre renaît. Entouré de courtisans, d'intrigans fanatiques, la supériorité de génie que les talens de Colbert lui avaient fait accorder, est remplacée par une dévotion méticuleuse, par une faiblesse d'esprit qui le rend l'esclave de la veuve de Scarron, d'un Letellier et du jésuite Lachaise son confesseur. Ce que le génie avait créé fut détruit par le libertinage, la superstition intéressée d'un prêtre fanatique et l'avidité dévorante des flatteurs. L'édit de Nantes révoqué fut la révocation du génie tutélaire de la France, de l'ordre et de l'industrie de ses habitans. Les finances, livrées à Chamillart, étaient dans un tel épuisement que ce ministre ne fut pas honteux de créer les charges les plus absurdes pour se faire de l'argent; il accordait des priviléges de noblesse à des essayeurs de fromages et aux langueyeurs de porcs et pourceaux. La récompense du sang versé pour la

patrie, la croix de saint Louis, ne fut pas plus
respectée; il la rendit vénale, et la somme
qu'elle coûtait fit jouer sur son nom ; on l'ap-
pelait alors *de cinq louis*. La guerre de la suc-
cession, et ses funestes résultats, les dragon-
nades, la famine de 1709, réduisirent la
France à l'état le plus misérable. Louis XIV
meurt avec la haine méritée du peuple, qui
osa même insulter son cadavre : triste vengeance! mais qui décèle, au moins, le mépris
que les dernières années de son règne avait
fait naître. Louis XIV dépensa, pendant sa
vie, 18 milliards; il laissa en mourant 2 milliards 600 millions de dettes, à 28 livres le marc;
ce qui fait 5 milliards environ de notre monnaie actuelle. Le désordre s'était tellement
accru dans les dernières années de son règne,
qu'au commencement de l'année 1715, ayant
un besoin pressant d'argent, il fut obligé de
négocier 52 millions de billets, pour en obtenir 8 en espèces.

Un roi enfant succède au plus absolu des
despotes; une régence, dont la dissolution de
mœurs fait époque dans les annales de l'im-
moralité, est chargée du gouvernement de la
France et de rétablir l'ordre. Une dette immense à payer, des querelles théologiques à
apaiser, n'étaient pas choses faciles.

Le duc d'Orléans, régent, loin de réparer
l'anarchie qui régnait dans les finances, la
combla en faisant naître un agiotage jusqu'a-
lors inconnu, et qui eut pour résultat, comme
l'agiotage l'aura toujours, une effroyable banqueroute. Jean Law en fut l'inventeur. Voici
ce que dit Voltaire de cet homme et de son
système : « Un Écossais, nommé *Jean Law*,
» que nous nommons *Jean Lass*, qui n'avait
» d'autre métier que d'être grand joueur et
» grand calculateur, *obligé de fuir de la*
» *Grande-Bretagne* POUR UN MEURTRE, avait
» dès long-temps rédigé le plan d'une compa-
» gnie qui paierait en billets les dettes d'un
» état, et qui se rembourserait par les pro-
» fits. Ce système était très-compliqué ; mais
» réduit à ses justes bornes, il pouvait être
» très-utile. C'était une imitation de la ban-
» que d'Angleterre et de la compagnie des
» Indes. Il proposa cet établissement au duc
» de Savoie, depuis premier roi de Sardaigne,
» *Victor Amédée*, qui répondit *qu'il n'était*
» *pas assez puissant pour se ruiner* (1). Il le

(1) Un roi constitutionnel ne pourrait pas se permettre
une plaisanterie semblable. Il éveillerait les idées de la nation sur l'accroissement de sa puissance et sur les abus qui
en seraient la suite.

» vint proposer au contrôleur général Desma-
» rets ; mais c'était dans le temps d'une guerre
» malheureuse, où toute confiance était per-
» due ; et la base de ce système était la con-
» fiance.

» Enfin, il trouva tout favorable sous la
» régence du duc d'Orléans : plus de 2 mil-
» liards de dettes à éteindre, une paix qui
» laissait du loisir au gouvernement, un
» prince et un peuple amoureux des nou-
» veautés.

» Il établit d'abord une banque en son
» propre nom, en 1716. Elle devient bientôt
» un bureau général des recettes du royaume.
» On y joignit une compagnie du Mississipi,
» compagnie dont on faisait espérer de grands
» avantages. Le public, séduit par l'appât du
» gain, s'empressa d'acheter avec fureur les
» actions de cette compagnie et de cette ban-
» que réunies. Les richesses auparavant res-
» serrées par la défiance, circulèrent avec
» profusion ; les billets doublaient, quadru-
» plaient ces richesses. La France fut très-
» riche en effet par le crédit. Toutes les pro-
» fessions connurent le luxe ; et il passa chez
» les voisins de la France qui eurent part à
» ce commerce.

» La banque fut déclarée banque du roi,

» en 1718. Elle se chargea du commerce du
» Sénégal. Elle acquit le privilége de l'an-
» cienne compagnie des Indes, fondée par le
» célèbre Colbert, tombée depuis en déca-
» dence, et qui avait abandonné son com-
» merce aux négocians de Saint-Malo. Enfin
» elle se chargea des fermes générales du
» royaume. Tout fut donc entre les mains *de*
» *l'écossais Lass*, et toutes les finances du
» royaume dépendirent d'une compagnie de
» commerce.

» Cette compagnie paraissant établie sur
» de si vastes fondemens, ses actions augmen-
» tèrent vingt fois au delà de leur première
» valeur. Le duc d'Orléans fit, sans doute,
» une grande faute d'abandonner le public à
» lui-même. Il était aisé de mettre un frein à
» cette frénésie ; *mais l'avidité des courtisans*
» *et l'espérance de profiter de ce désordre,*
» *empêchèrent de l'arrêter.* Les variations fré-
» quentes dans le prix de ces effets, produi-
» sirent à des hommes inconnus des biens
» immenses : plusieurs en moins de six mois,
» devinrent beaucoup plus riches que beau-
» coup de princes. L'*aventurier Lass*, séduit
» lui-même par son système, et ivre de l'i-
» vresse publique et de la sienne, avait fabri-
» qué tant de billets, que la valeur chimé-

» rique des actions valait, en 1719, 80 fois
» tout l'argent qui pouvait circuler dans le
» royaume. *Le gouvernement remboursa en pa-*
» *pier tous les rentiers de l'état.*

   » Le régent ne pouvait plus gouverner une
» machine si immense, si compliquée et dont
» le mouvement rapide l'entraînait malgré lui.
» Les anciens financiers et les gros banquiers
» réunis épuisèrent la banque royale, en ti-
» rant sur elle des sommes considérables;
» chacun chercha à convertir ses billets en
» espèces; mais la disproportion était énorme.
» Le crédit tomba tout d'un coup : le régent
» voulut le ranimer par des arrêts qui l'a-
» néantirent : on ne vit plus que du papier;
» *une misère réelle commençait à succéder à*
» *tant de richesses* FICTIVES. Ce fut alors qu'on
» donna la place de contrôleur des finances à
» *Lass*, précisément dans le temps qu'il était
» impossible qu'il la remplît; c'était en 1720,
» époque de la subversion de toutes les for-
» tunes des particuliers et des finances du
» royaume. On le vit en peu de temps, d'É-
« cossais devenir Français par la naturalisa-
» tion; de protestant, catholique; d'aventu-
» rier, seigneur des plus belles terres; et de
» banquier, ministre d'état. Je l'ai vu arriver
» dans les salles du Palais-Royal, suivi *de*

» *ducs et pairs*, *de maréchaux de France* et
» *d'*ÉVÊQUES. Le désordre était au comble. Le
» parlement de Paris s'opposa autant qu'il le
» put à ces innovations , *et il fut exilé à Pon-*
» *toise.*Enfin, dans la même année, *Lass* char-
» gé de l'EXÉCRATION PUBLIQUE, fut obligé de fuir
» du pays qu'il aurait voulu enrichir, et qu'il
» avait bouleversé. Il partit dans une chaise
» de poste que lui prêta le duc de *Bourbon-*
» *Condé*, n'emportant avec lui que deux mille
» louis , presque le seul reste de son opulence
» passagère. »

La France, dans cette déplorable situation,
exécrait Lass ; était-ce bien lui qui méritait
son exécration? Il avait fait son métier d'a-
venturier; pouvait-on en attendre autre chose?
assurément non : mais on devait compter sur
la sollicitude du gouvernement chargé de
veiller à la conservation de la fortune publique ; et c'est le gouvernement qui protégeait,
qui soutenait Lass et avec lui l'agiotage et la
ruine de la nation. Fatalité remarquable ! et
qui prouve l'aveuglement presque toujours
constant du pouvoir : le parlement veut lui
dessiller les yeux en signalant les désastres du
système ; on l'exile à Pontoise : la raison est
étouffée, persécutée et le charlatanisme triom-
phe. La BANQUEROUTE termine cette série de

malheurs financiers. Les quatre frères *Pâ-ris* rassemblent comme ils peuvent les débris des fortunes particulières et constituent le gouvernement débiteur d'une somme de 1,631,000,000 fr. , argent effectif. Il résulta , dit Voltaire, de la manie du système et de l'agiotage qu'il occasionait , *un nombre prodigieux de banqueroutes, de fraudes, de vols publics et particuliers, et toute la dépravation de mœurs que produit une cupidité effrénée.*

L'état financier de la France resta stationnaire , mais dans une grande gêne , jusqu'en 1759. La guerre de *sept ans* était au milieu de ses funestes chances. Déjà vaincus à Rosback , les Français avaient à redouter de nouveaux désastres. Les grands frais de la guerre précédente, les maîtresses de Louis XV nécessitèrent un emprunt de 200,000 millions. Cette ressource était insuffisante , la pénurie était extrême , le désordre partout; la guerre continuant ajoutait à ces calamités. « En 1762 « la France, dit encore Voltaire, était bien » plus malheureuse. Toutes les ressources » étaient épuisées; presque tous les citoyens » avaient porté leur vaisselle à la Monnaie. » La capitale jetait plus de cris que les pro- » vinces souffrantes; plus de secours, plus » d'argent, plus de crédit. Ceux qu'on choi-

» sissait pour régir les finances *étaient ren-*
» *voyés* après quelques mois d'administra-
» tion. *Les autres refusaient* cet emploi dans
» lequel on ne pouvait *que faire du mal.* »
Une BANQUEROUTE devenait la conséquence
forcée d'une malversation aussi épouvantable:
l'abbé Terray, malgré le caractère sacré dont
il était revêtu, *se chargea volontiers* de cette
infamie.

Le vertueux Turgot pouvait réparer une
partie de ces maux ; mais les courtisans dont
il était le fléau, parce qu'il ne voulait pas leur
livrer la fortune publique, surent bien vite
le faire mettre de côté. Necker essaya avec
assez de succès, en 1778, de nouveaux emprunts ; il pouvait mettre l'ordre dans les finances ; malheureusement il ne pouvait pas
le mettre à la cour, et des intrigues renversè-
rent ses projets avec son ministère. M. de
Calonne, l'âme damnée des courtisans, homme
de trop peu de moyens pour suivre les opérations entamées par Necker, mit un complet
désordre dans toute l'administration financière : l'agiotage était tel sous son ministère,
que le célèbre Mirabeau en signala les excès,
dans une brochure intitulée : *Dénonciation de
l'agiotage au roi et à l'assemblée des notables*
(*Paris,* 1787), ce qui lui mérita *une lettre de*

cachet, récompense ordinaire des gens assez
téméraires pour signaler les abus qui se re-
nouvellent trop souvent sous l'empire des
gouvernemens despotiques. Ce fut à cette époque que l'abbé *d'Espagnac* s'avisa de préférer
au chant de sa messe, les chances de la fortune.
Ne possédant qu'une somme médiocre, il sut,
par l'agiotage, gagner, en moins d'une année,
au delà de trois millions. Les actions des eaux
de Paris étaient la valeur sur laquelle on spé-
culait le plus volontiers. Il pouvait en exister
pour 30 millions, et les opérations des spéculateurs, sur ces actions, s'élevaient au delà
de 900 millions. Le gaspillage qui régnait dans
toutes les parties des finances, signalé par l'o-
pinion publique, força le gouvernement à
rappeler M. Necker. Il ne restait plus de ressources; les dépenses surpassaient, comme on
l'a vu ci-dessus, les recettes de l'état; nul
moyen de crédit pour couvrir les *déficit* qui,
chaque année, creusaient un nouvel abîme.

On assembla les notables; ils ne prirent aucune détermination. Les états généraux furent
convoqués et la révolution commença. Des
abus accumulés pendant des siècles à détruire;
remplacer le désordre le plus complet, par un
ordre régulier; la prodigalité, par l'économie;
la servitude, par la liberté fondée sur les lois;

le fanatisme, par la tolérance; les maîtrises et jurandes, par le libre exercice de l'industrie; les priviléges et la vénalité dès charges; par l'égalité des droits; les lettres de cachet, par la liberté individuelle; la censure, par là liberté de la presse; la torture, par l'humanité; le droit local ou coutumier, par un code civil unique et commun à tout l'empire; les fermiers généraux, par des impôts également répartis et payés par tous les citoyens : voilà quels étaient, en peu de mots, les travaux soumis à l'assemblée des états généraux, par les cahiers des généralités du royaume. Une aveugle opposition les gêna sans doute, et causa de bien grands maux, mais les grands principes qui sont devenus et deviendront désormais la base de la liberté des peuples, ont été irrévocablement établis; ils changeront la face du monde, malgré tous les efforts du despotisme alarmé, et l'univers devra sa nouvelle rédemption aux génies français qui composaient cette illustre assemblée.

Ce fut dans la nuit, à jamais mémorable, du 4 août 1789, au milieu de l'enthousiasme le plus généreux, le plus patriotique, que tous ces principes d'une raison éternelle furent consacrés.

Le 17 juin précédent, l'assemblée avait arrêté, sur la motion de Target et Chapelier, que les

11

créanciers de l'état étaient mis sous la sauve-
garde de l'honneur et de la loyauté française.

Le misérable état des finances demandait
de prompts secours, et les ressources étaient
à peu près nulles, attendu les priviléges, et de
la noblesse, et du clergé. Le malheurenx tiers
état restait courbé sous le poids d'impôts qu'il
ne pouvait plus supporter; tandis que la noblesse et le clergé, riches des biens usurpés
sur le peuple, dissipateurs de l'or amassé par ses
travaux et ses sueurs, n'avaient encore d'autres occupations que leurs plaisirs, d'autres
soins que leurs intrigues, d'autres charges que
leurs maîtresses.

L'égalité des droits fut établie, et avec elle
l'égalité des charges; mais cela n'offrait de
ressources que pour l'avenir. Les biens du
clergé avaient été déclarés biens de la nation,
dans la nuit du 4 août. Le 10 octobre suivant,
l'évêque d'Autun, M. de Talleyrand Périgord,
actuellement grand chambellan, fit un rapport pour mettre les biens de l'église à la disposition du trésor public : cette proposition,
vivement combattue par les abbés Maury et
Montesquiou, par Cazalès, est soutenue par
MM. Montlausier, Barnave, Treilhard, Thou-
ret, etc.; elle est enlevée par l'éloquence de
Mirabeau à une immense majorité, et décré-

tée le 2 novembre. Les biens ecclésiastiques
sont mis enfin à la disposition de la nation ,
qui reste chargée de l'entretien du culte et de
ses ministres. En attendant le produit de la
vente des propriétés du clergé, et pour faire
face aux dépenses , l'assemblée nationale (1)
décréta, le 19 décembre 1789 , une émission
de 400 millions d'assignats de 1000 fr. , hypo-
théqués sur la caisse extraordinaire ; ces premiers assignats rapportaient intérêt. Le 16
avril 1790, 400 millions de biens ecclésiastiques sont mis en vente , les assignats ont un
cours forcé, comme monnaie , et sont reçus
pour l'acquit desdits biens. Le 29 septembre
suivant, 800 millions d'assignats furent créés
pour le remboursement de la dette non con-
stituée. L'ordre allait se rétablir dans les finances; la liberté allait féconder tous les
élémens de bonheur dont une nation est susceptible ; les biens de l'église acquis sur l'ignorance et la superstition du peuple, par une
avidité sans frein , au nom d'un Dieu qui vé-
cut et mourut pauvre, étaient bien plus que
suffisans pour éteindre la totalité de la dette.
Tous les bons Français voyaient avec ravisse-
ment un avenir qui présentait l'espoir de la

_____

(1) Les états généraux avaient pris cette dénomination
le 17 juin 1789.

plus constante félicité : mais l'ambition déchue et les vices qu'elle engendre, avaient quitté la France pour faire armer l'Europe contre ce beau pays ; l'ordre menaçait de s'établir, il fallait se hâter de le détruire.

L'Europe s'arma en effet ; ses nombreuses phalanges devaient inonder le sol français, et rétablir le despotisme triomphant sur ses antiques fondemens.

L'assemblée nationale ayant terminé sa mission d'assemblée constituante, se dissout pour faire place à l'assemblée législative. Chargée de l'exécution de la constitution de 1791, cette assemblée s'organise le 1er. octobre de cette même année. Les conférences de Pilnitz, les rassemblemens d'émigrés à Coblentz, donnaient de vives inquiétudes à la nation. Bientôt la guerre devint inévitable, et dès lors tout ordre dans les finances devint impossible : il fallait vaincre avant de payer.

On a vu les causes des malheurs financiers de la France, on a vu qu'ils étaient dus à l'incurie des gouvernans et à l'infatigable cupidité des grands. Mais ce n'était point assez pour eux. Renversés par les nouvelles lois et et la vindicte publique, il fallait qu'ils apportassent dans le sein de leur patrie et le fer et la flamme, en livrant le soin de leur vengeance parricide aux despotes étrangers.

L'assemblée législative eut donc à s'occuper et des dépenses administratives et des frais d'une guerre effrayante. Elle commença à faire constater, le 9 décembre 1791, l'état des assignats brûlés, et le 17 du même mois, elle en créa pour une somme de 200 millions. Le 27 avril 1792, 300 millions spécialement destinés aux frais de la guerre, furent mis en circulation. Cette somme fut bientôt insuffisante, car, le 31 juillet suivant, une émission de 300 millions fut jugée nécessaire. Les intrigues de Coblentz avec celles du petit nombre de courtisans qui n'étaient malheureusement restés auprès de Louis XVI que pour compromettre sa royale personne, amenèrent la révolution du 10 août 1792. La convention nationale succède alors à l'assemblée législative, et entre en fonctions le 21 septembre de la même année. L'univers connaît ses crimes; l'univers connaît les prodiges enfantés pendant son règne. Toutes les troupes de l'Europe assemblées, pour envahir la France, sont détruites par quatorze armées républicaines sorties du sol national, et la patrie est sauvée aux cris de *vive la liberté!*

Mais si les émigrés ne purent livrer leur pays aux ravages de leurs auxiliaires, ils causèrent de grands désastres à ses finances.

Non - seulement de nombreuses émissions
d'assignats devinrent indispensables, mais
elles furent augmentées encore par les immenses falsifications qui s'en faisaient à
l'étranger. Les biens du clergé, et les biens
des émigrés mis sous la main de la nation
par le décret du 9 janvier 1792, ne pouvaient
plus offrir de garantie à ces valeurs. Voici les
dates des principales émissions : 24 octobre
1792, 400 millions ; 14 décembre suivant,
300 millions d'assignats de 50 fr. ; 1er. février
1793, 800 millions; 7 mai suivant, 1,200 millions ; 17 frimaire an 2 (7 décembre 1793),
500 millions ; 1er. messidor suivant (19 juin
1794), 1,105 millions. Cette quantité de papier, discrédité aussitôt qu'émis, fit proposer
une réduction qui ressemblait à une banqueroute, dans la séance du 18 floréal an 3 (7
mai 1795). Cette proposition fut rejetée sur
la motion de Bourdon, attendu que les
biens nationaux, évalués 15 milliards, surpassaient de beaucoup la valeur des assignats,
en circulation, estimée seulement à 8 milliards.

Robespierre et sa sanguinaire dictature
avaient été renversés le 9 thermidor an 2 (27
juillet 1794). Une nouvelle constitution ré-
clamait les soins de la convention ; elle fut
terminée et mise en activité le 7 brumaire

an 4 (29 octobre 1795). Le 1ᵉʳ. nivôse de cette année (21 décembre), le directoire fixa par un décret à 40 milliards les assignats en émission , et ordonna le brûlement du quart de ceux qui rentreraient par l'emprunt forcé. Cette mesure n'eut aucun succès sur le crédit. Le 26 ventôse (17 mars 1796), décret qui ordonna la création de 2 milliards 400 millions de mandats territoriaux , qui sont admis en échange des assignats à 30 capitaux pour un , par une décision du 9 messidor an 5 (27 juin 1796). Tous ces palliatifs ne pouvant rétablir la fortune publique anéantie par les terribles secousses que la patrie venait d'éprouver , la loi du 9 vendémiaire an 6 (30 septembre 1797), vivement discutée , est rendue, et réduit la dette nationale au tiers de sa valeur. La loi du 9 nivose suivant (29 janvier 1798) ordonne sa liquidation et propose des mesures pour le paiement des deux tiers non consolidés. Ces mesures ont été plus ou moins bien exécutées.

Une grande révolution se préparait : Bonaparte , vainqueur de l'Italie et de l'Égypte , reparaît en France. La constitution de l'an 3 violée le 18 fructidor an 5 (4 septembre 1797), les émigrés , conspirant sans cesse contre leur patrie , avaient répandu l'alarme dans la nation ; des revers essuyés par des armées habituées à vaincre, ajoutaient encore aux inquiétudes du peuple.

Dans cette pénible situation, Bonaparte apparaît comme un sauveur. Il renverse le directoire le 18 brumaire an 8, et la constitution des consuls est promulguée le 22 frimaire suivant. Premier consul de la république française, il apporte tous ses soins à rétablir l'ordre dans l'administration, à réunir tous les partis, à préparer enfin les élémens qui ont élevé sa gloire à un si haut degré. Troublé d'abord par les ennemis de la France, il les extermine à Marengo et revient bientôt reprendre ses utiles travaux. La législation, l'industrie, les beaux-arts, occupent ses veilles ; des routes, des canaux offrent de nouveaux débouchés au commerce ; tous les grands établissemens publics s'édifient : les hôpitaux s'assainissent, la chimie s'applique aux arts, au commerce, par les soins philantropiques du ministre de l'intérieur Chaptal, aussi grand administrateur que savant distingué ; la France respire et prend quelque repos. La dette publique avait attiré la sollicitude du premier consul dès son entrée au gouvernement ; car, déjà le 6 frimaire an 8, une loi avait affecté à l'amortissement de la

dette perpétuelle, une somme égale aux arrérages des rentes viagères et pensions qui
viendraient à s'éteindre, à partir du premier
germinal de la même année. Diverses lois relatives à la liquidation de la dette suivirent
celle-là, elles furent toutes fondues dans la
loi du 3o ventôse an 9, qui en ordonna l'acquit en inscriptions sur le grand livre. L'ordre
fut rétabli dans les finances, l'économie en
fut la base, et le bonheur en fut la suite na-
turelle comme la juste récompense.

Bonaparte devient empereur en l'an 12, il
est sacré le 3 décembre 1804 sous le nom de
Napoléon. L'ennemie éternelle de la France,
l'Angleterre n'avait pas vu sans une extrême
jalousie la prospérité toujours croissante de sa
rivale en industrie, car la France n'en compte
point en gloire; l'Angleterre avait attaqué le
pavillon français sans déclaration de guerre.
Redoutant une descente imminente, son or
acheta l'Autriche et la Russie, et la campagne
d'Austerlitz lui montra de nouveau ce que
peuvent les armes et la valeur françaises, lorsqu'elles sont bien conduites. Le nom français
arrive, en moins de deux années, à l'apogée de
sa grandeur; l'Europe est conquise. Un ordre
parfait règne dans l'administration; les plus
grands travaux s'exécutent, et les finances

ne sont point obérées. D'aussi étonnans succès ne rebutent point l'Angleterre, elle excite la guerre d'Espagne et bientôt celle de 1809 avec l'Autriche. La liquidation de la dette ordonnée par la loi du 30 ventôse an 9 (1801) n'était pas encore terminée ; l'embarras d'une nouvelle guerre amena le décret du 25 février 1808. Ce décret prononça une déchéance contre les créanciers qui n'auraient pas produit leurs titres dans un délai donné : il ne fut point inséré au bulletin des lois, et conséquemment pas promulgué. Cette mesure qui frappait seulement les créanciers qui avaient négligé de produire leurs pièces à la liquidation, et les obligeait à demander leur paiement ou à y renoncer, était nécessaire ; elle était indispensable pour arriver à la clôture de l'arriéré, et fixer définitivement l'état de la dette publique : mais il fallait qu'elle fût promulguée, autrement elle n'était qu'une véritable banqueroute que rien ne pouvait justifier dans l'état prospère où se trouvait la France, même avec les frais que la guerre allait nécessiter. Ce décret ne fut connu qu'après son exécution ; le public apprit son existence seulement par la loi du 15 janvier 1810. Je sais qu'on a voulu excuser cette violation de toute justice et même de toute législation, en disant que l'on ne frustrait que les fournisseurs du directoire dilapidateurs de la fortune publique, et que c'était un moyen de leur faire regorger une partie de leurs rapines. D'abord, c'est un triste moyen que de voler un voleur pour obtenir la restitution de son larcin; ensuite, les lois, obligées de veiller à la conservation des fortunes particulières, ne doivent pas sommeiller lorsqu'il s'agit de la fortune publique, et le vol puni, par leur intervention, est un acte nécessaire à la sûreté de la société. Quelques millions de rentes de plus sur le grand livre n'obéraient pas la nation, et la morale publique n'était point offensée.

La dette publique se montait en totalité, en 1809, à 107,600,000 fr., savoir :

Dette perpétuelle.	fr. 56,000,000
» viagère.	16,000,000
Pensions.	35,600,000
Total. . . fr.	107,600,000

La guerre d'Espagne, bientôt celle de Russie accumulèrent de grands maux sur la France ; les campagnes de 1813 et 1814 y mirent le comble. Napoléon fut renversé. Le prodigieux génie de ce grand homme n'avait pu résister à la levée en masse de l'Europe ; la nation fatiguée de gloire, avide de liberté, mais trompée sous ce dernier rapport, n'offrait plus les élémens de défense enfantés par ce puissant véhicule. Le despotisme avait remplacé la liberté, et le despotisme abandonné à ses propres forces fut anéanti.

On ne peut s'empêcher de reconnaître, toutefois, l'ordre et l'économie qui régnèrent dans l'administration, sous le règne de Napoléon. D'immenses travaux d'utilité publique exécutés, des guerres sans nombre, les désastres de Moscou et de Leipsic, l'occupation du territoire français par l'Europe entière, ne laissèrent à sa chute qu'une dette arriérée de 477,764,000 fr.; Louis XIV en avait laissé dix fois autant à sa mort.

« La France a eu vingt années de guerre, » dit M. Bricogne; elles ont été pour les finances vingt ans de conquêtes. » Oui, parce que le chef de l'état a su mettre l'ordre et l'économie partout, et que ce sont les deux sources principales de prospérités et pour les finances et pour les empires, lorsque le despotisme et les courtisans dilapidateurs ne viennent pas les détruire.

La totalité de la dette publique en 1814 s'élevait, y compris la dette viagère et les pensions, à 120 millions. Cette charge n'était point encore onéreuse pour la France, elle pouvait payer l'arriéré avec facilité et faire face à toutes ses dépenses administratives sans difficulté.

Louis XVIII succède à l'empereur déchu. Les malheurs de ce monarque avaient affermi les opinions libérales qu'il avait manifestées au commencement de la révolution. De profondes méditations avaient occupé les longues années de son exil; son retour devait nous en apporter le fruit. Le 2 mai 1814 une déclaration datée de Saint-Ouen, émanée de la volonté royale, apprit à la France qu'elle allait enfin jouir d'une *constitution libérale*. Tous les principes d'une sage liberté, et qui peuvent assurer la félicité d'un peuple sont proclamés avec une touchante bonne foi dans cette déclaration. Louis XVIII se souvenait de cette belle maxime d'un descendant de saint Louis, du roi Jean : *que quand la foi serait bannie du monde, que toute fois elle devait être inviolablement gardée en la bouche du prince, quoi qu'il ne pût être forcé de tenir sa parole, et qu'il eût le sujet de l'enfreindre.* La charte fut octroyée comme complément des promesses royales. Quelques personnes eussent désiré une constitution en forme de contrat synallagmatique entre la nation et le roi; elles prétendaient qu'un acte semblable aurait donné plus de garantie au peuple qu'une concession volontaire susceptible d'être détruite par une volonté contraire. Cependant les gens sages se contentèrent et de la forme et du fond de la charte ; exécutée, la France n'avait plus qu'à prospérer à l'ombre d'une liberté légale. Mais pourquoi faut-il que les lois les plus sages, les lois rédigées avec la clarté la plus précise, trouvent toujours des commentateurs perfides parmi les gens chargés de leur exécution ? La loi de Dieu même n'a pas été à l'abri du commentaire des hommes. Le rédempteur du monde a prêché la plus douce morale ; ses paroles, ses actions sont dignes du fils de Dieu ; les Évangiles nous conservent son code ; eh bien ! à peine sacrifié pour le bonheur des humains, mille controverses s'élèvent, la tolérance devient un crime, le meurtre une vertu ; depuis les ébionites, les nicolaïtes et les gnostiques, jusqu'aux catholiques apostoliques romains et protestans, luthériens et calvinistes ; depuis les athanasiens et eusébiens jusqu'aux jansénistes et molinistes, on ne voit que dissidence sur les termes de la loi sacrée. Plût au ciel qu'on s'en fût tenu à chicaner sur les mots, l'humanité n'aurait pas à gémir sur de grands crimes !

La charte promulguée devient la première loi de l'état. Les principes qu'elle contenait contrariaient les ambitions qui avaient fui le sol de la patrie pour en éviter l'application ; revenues dans leur pays, elles ne pouvaient les tolérer davantage. De là , commencement d'intrigues pour circonvenir le prince ; de là, commentaire sur chaque phrase , sur chaque ligne , sur chaque mot de l'acte du souverain. Le crédit public , toujours ami de l'ordre , s'était relevé au seul nom d'une constitution : de justes craintes l'alarmèrent bientôt ; car le cours des rentes qui , en août 1814, était monté jusqu'à 80 fr. , était tombé jusqu'à 72 fr. en septembre suivant. Des actes en opposition avec les idées nationales ; l'armée victorieuse de l'Europe délaissée et quelquefois humiliée ; des inquiétudes données aux acquéreurs de biens nationaux par quelques pamphlétaires non poursuivis, répandaient un malaise général , un mécontentement sourd parmi le peuple. Napoléon, exilé sur le rocher de l'île d'Elbe, instruit de la véritable situation de la France, sait profiter des fautes de l'administration ; il s'échappe de sa prison , descend à Cannes , et vingt jours après arrive au palais des Tuileries sans avoir rencontré un seul obstacle.

Le danger avait fait connaître à la famille royale la véritable opinion de la France. Les courtisans, qui la lui avaient celée, pleins de terreur, s'étaient vus dans la nécessité de l'en instruire; mais il était trop tard, et les concessions faites par la loi du 15 mars 1815, ne servirent qu'à affaiblir l'autorité, en révélant ses fautes.

Le crédit ne pouvait se soutenir à travers tant de révolutions; les fonds publics baissèrent d'une manière épouvantable, cependant l'état des finances était assez prospère, comme on peut s'en assurer en consultant la loi des finances présentée, en juin 1815, à la chambre des représentans. Mais une guerre d'extermination se préparait; l'Europe, réunie sous la même bannière pour renverser *un seul homme,* menaçait de ravager la France. Elle la ravagea en effet. Napoléon trahi, Napoléon vaincu, est enchaîné à Sainte-Hélène. Par son abdication, dont l'histoire jugera les motifs, il avait abandonné la patrie à la merci de l'étranger, et les beaux-arts, comme les finances, furent au pillage.

Louis XVIII revient au milieu de ces désastres; que de maux à réparer pour son cœur paternel! Il proclame l'union, l'oubli; il reconnaît les fautes de ses ministres, qui lui

avaient laissé ignorer le vœu de tous les bons
Français ; généreux, humain, ses paroles portent la confiance dans toutes les âmes ; sa bouche ne s'ouvre que pour pardonner, que pour
amnistier ceux qui lui paraissent coupables.
Pourquoi les nobles expressions d'une bonté et
d'une volonté si dignes d'un grand roi n'ont-
elles pas reçu toute leur exécution ? Parce que
des vengeances particulières, aiguisées par la
frayeur que le 20 mars avait fait naître, se
sont couvertes du masque d'un dévouement
ultra-royaliste, pour usurper le pouvoir souverain et renverser la clémence du monarque. L'ordonnance du 5 septembre 1816 en
donne la preuve complète.

L'occupation des armées étrangères et les
contributions extraordinaires pour les frais
de la guerre, mirent les finances dans le plus
grand désordre. Des emprunts onéreux s'ac-
cumulent, l'agiotage en est la suite nécessaire ;
l'ennemi occupe la bourse de Paris comme
le territoire français ; il profite des fautes d'un
ministre des finances malhabile, et lève, au
moment de son départ, une dernière contribution sur les capitalistes que la folie générale avait rendu agioteurs. D'un autre côté,
des obligations royales à rembourser ; une circulation de bons de la caisse de service exces-

12

sivement onéreuse, tant par l'énormité de leur capital, que par le taux exorbitant de leur escompte ; un arriéré augmenté de toutes les réclamations étrangères ; telle était, indépendamment des charges administratives portées au budget, la situation financière de la France au mois de novembre 1818.

La loi du 5 février 1817, relative aux élections, avait rassuré la nation, la franche exécution de la charte en était le résultat ; aussi les immenses charges qui pesaient sur le peuple furent-elles supportées avec résignation : la liberté est un si grand bien qu'elle ne peut trop se payer. La dette était fixée, l'ordre pouvait renaître, et l'espoir du bonheur était fondé. Un grand crime servit de prétexte aux ennemis des libertés publiques pour renverser d'aussi chères espérances. La loi du 5 février est rapportée. Fasse le ciel que cette mesure n'amène pas de nouveaux malheurs sur notre patrie !

J'ai dit, au commencement de ce chapitre, que le plus léger échec, soit politique, soit financier, pouvait anéantir les ressources qu'offraient encore la France pour faire face à l'énormité de ses charges. Les craintes que j'ai manifestées se trouvent, je le pense, justifiées par l'anarchie qui a régné dans les finances, presque sans interruption, depuis François Ier jusqu'à nos jours; par l'expérience du passé qui peut assurément donner de justes inquiétudes sur l'avenir. La dette sous le règne de ce roi, ne consistait qu'en 5o,ooo l. de rentes perpétuelles sur l'hôtel de ville, et, malgré les banqueroutes qui se sont succédées par les causes que j'ai exposées, notre dette se monte aujourd'hui à la somme exorbitante de 333,832,782 fr. Il faudra une grande habileté et nécessairement le développement de toutes les institutions libérales pour parvenir au soutien d'un semblable colosse. Ce n'est pas tout que de payer exactement le semestre des rentes, il faut encore assurer la continuité de ces paiemens par une administration assez sage pour reconnaître qu'elle ne peut s'établir d'une manière irrévocable, qu'avec l'exécution franche de la charte constitutionnelle. Le haut cours des effets publics, soutenu le plus souvent par l'agiotage ou des manœuvres non moins blâmables, ne prouve en aucune manière leur solidité. Un revers quelconque, et ce haut cours contribuera à compléter la ruine des créanciers de l'état.

Il faut à la France, pour lui éviter de nouvelles banqueroutes, des députés plus amis de

leur patrie que de leurs intérêts particuliers ;
des ministres dont la responsabilité soit établie, réglée, exécutée par une loi ; il faut un
clergé plus dévoué à la conservation de la morale publique qu'aux vanités de ce monde ; il
faut des juges qui ne mettent pas leurs passions à la place de la loi (1) ; il faut une armée
nationale pour faire respecter l'indépendance
de la patrie ; il faut des agens du pouvoir citoyens et non destructeurs du bien public ;
il faut encourager le commerce, l'industrie,
les beaux-arts, et ne point les entraver par
des censures, des monopoles, des corporations,
des maîtrises et jurandes. Il faut que les
majorats ou substitutions n'entravent point la
distribution régulière des successions et les
mutations des propriétés immobilières ; il faut
enfin que l'économie soit la base des budgets,
l'ordre la règle du gouvernement ; voilà,
avec la charte, les véritables garanties à donner à la dette ; voilà les seuls moyens d'élever
le peuple français au comble de la prospérité,
du bonheur et de la gloire.

---

(1) Or faut-il, quand on est en siége de justice pour
juger un procès, ouïr les parties sans haine ny faveur,
ains de sens rassis, pour rendre le droict à qui il appartient. (*Plutarque*. Comment il faut ouïr, § 19.)

EXPLICATION

DE LA TABLE.

On a pensé qu'une table présentant l'intérêt pour cent, quel que soit le prix de la rente, serait le complément du sujet que l'on vient de traiter.

Cette table est composée de trois colonnes ; la première est une suite de progressions arithmétiques croissantes dont chaque terme est un des prix de la rente, et dont la *raison* (ou la différence entre ces termes) diminue au fur et à mesure que l'on approche de la véritable valeur de la rente. De 60 à 70 fr. la raison est de $\frac{1}{4}$ de franc ou 25 centimes, de 70 à 80 la raison est $\frac{1}{5}$ ou 20 centimes, de 80 à 90 la raison est environ $\frac{1}{6}$ ou 15 centimes, de 90 à 100 la raison est $\frac{1}{10}$ ou dix centimes.

La seconde colonne est une suite de progressions décroissantes, dont chaque terme est l'intérêt pour cent, correspondant à chacun des prix contenus dans la première co-

lonne ; par exemple, 8 fr. est l'intérêt pour
cent, lorsque la rente est cotée 62 fr. 50 centimes. La première fraction qui suit chaque
terme de cette colonne est la plus exacte ; la
deuxième est la plus simple. *Exemple* : Lorsque la rente est à 78 fr. 20 centimes, l'intérêt
est 6 fr. $\frac{131}{333}$ ou $\frac{2}{5}$ cette deuxième fraction est
moins exacte, mais elle est plus simple.

Afin d'éviter les multiplications et les divi-
sions de fractions par fractions, et par-là sim-
plifier les calculs, on a placé dans une troisième colonne les décimales qui ont servi à
trouver les fractions. Chacun des nombres de
cette colonne est de trois chiffres : les deux
premiers désignent des centimes, et le troisième des millièmes de franc ou des dixièmes
de centime ; ainsi, dans le dernier exemple,
39 centimes 5 millièmes sera la valeur de la
fraction $\frac{131}{333}$.

Si le prix de la rente était compris entre
deux termes de la première colonne, l'intérêt
pour cent serait compris entre les deux termes
correspondans de la deuxième. Pour le trouver exactement, il faudra employer la for-
mule que l'on va donner.

En comparant chacun des termes de la
deuxième colonne avec ceux de la première,
on voit qu'ils sont en raison inverse, c'est-à-

dire, que plus le prix de la rente augmentera, plus l'intérêt pour cent diminuera : soit P le prix de la rente, x l'intérêt pour cent, l'on aura cette proportion $5 : P :: x : 100$; le produit des extrêmes est égal au produit des moyens, $P x = 500$ ou $x = \frac{500}{P}$: d'où l'on peut conclure que, pour avoir l'intérêt, il faudra diviser 500 par le prix de la rente. *Exemple* : Si la rente est à 63 fr. 50 cent., l'intérêt sera $\frac{500}{63,50}$ ou 7 fr. 87 cent. 4 millièmes.

Lorsque le capital est un nombre exprimé par 1 suivi de plusieurs zéros, il faut (pour trouver l'intérêt) avancer la virgule d'autant de chiffres, moins deux, qu'il y a de zéros dans ce nombre. Soit 75 fr. 80 cent. le prix de la rente, l'intérêt pour cent sera 6 fr. 59 cent., et 10,000 fr. rapporteront 659 fr. 60 cent., 100,000 fr. rapporteront 6596 fr.

Si l'on avait un autre chiffre que l'unité, il faudrait, après avoir avancé la virgule, multiplier le nombre par ce chiffre. *Exemple* : 40000 fr. placés à 7 fr. 167 millièmes, lorsque la rente est à 69 fr. 75 cent, rapporteront 717 fr. 70 cent $\times 4 = 2866$ fr. 8 cent.

Quel que soit le capital, pour avoir l'intérêt, il faut établir cette proposition géométrique, 100 fr. est au capital, comme l'intérêt

pour cent (intérêt qui se trouve dans la troisième colonne) est à x, intérêt cherché.

Soit C le capital,

I l'intérêt pour 100,

x l'intérêt cherché.

L'on aura 100 : C : : I : x ou $x = \frac{CI}{100}$.

Soit 58434 fr. le capital ; si 77 fr. est le prix
de la rente, l'intérêt pour 100 sera 6 fr. 493 m.
et l'on aura l'intérêt cherché $x = \frac{58434 + 6,493}{100} =$
3,764 fr. 12 c.

PRIX DE LA RENTE.	INTÉRÊTS POUR CENT exprimés par francs et fractions de francs.	DÉCIMALES qui ont servi à trouver les fractions ordinaires.	
fr. c.	fr.	c.	10^e
5 . . »». .	100.	. »	»
10 . . »». .	50.	. »	»
15 . . »». .	33 $\frac{1}{3}$ . . .	. 33	3
20 . . »». .	25.	. »»	»
25 . . »». .	20.	. »»	»
30 . . »». .	16 $\frac{2}{3}$ . . .	. 66	6
35 . . »». .	14 $\frac{2}{7}$ . . .	. 28	5
40 . . »». .	12 $\frac{1}{2}$ . . .	. 50	0
42 . . 50. .	11 $\frac{13}{16}$ ou $\frac{3}{4}$.	. 76	4
45 . . »». .	11 $\frac{1}{9}$ . .	. 11	1
46 . . 25. .	10 $\frac{81}{100}$. $\frac{4}{5}$.	. 81	»
47 . . 50. .	10 $\frac{263}{500}$. $\frac{1}{2}$.	. 52	6
48 . . 57. .	10 $\frac{32}{125}$. $\frac{6}{25}$.	. 25	6
50 . . »». .	10. : . . .	. »»	»
51 . . »». .	9. . $\frac{4}{5}$	. 80	3
52 . . »». .	9 $\frac{123}{200}$. $\frac{3}{5}$	. 61	5
53 . . »». .	9. . $\frac{2}{5}$	. 43	3
54 . . »». .	9 $\frac{7}{27}$. $\frac{1}{4}$	. 25	9
55 . . »». .	9. . $\frac{1}{11}$	. 09	»
55 . . 50. .	9. . $\frac{1}{100}$	. 00	9
56 . . »». .	8 $\frac{116}{125}$. $\frac{6}{7}$	. 92	8
56 . . 50. .	8 $\frac{106}{105}$. $\frac{7}{5}$	. 84	9
57 . . »». .	8 $\frac{11}{14}$.	. 77	1
57 . . 50. .	8 $\frac{8}{11}$. $\frac{2}{3}$	. 69	5
58 . . »». .	8 . $\frac{3}{5}$	. 62	»
58 . . 50. .	8 $\frac{60}{111}$. $\frac{6}{11}$	. 54	7
59 . . »». .	8 $\frac{9}{19}$. $\frac{2}{5}$	. 47	4
59 . . 50. .	8. . $\frac{2}{5}$	. 40	3
60 . . »». .	8 $\frac{1}{5}$.	. 33	3
60 . . 25. .	8. . $\frac{3}{10}$	. 29	8

PRIX DE LA RENTE.		INTÉRÊTS POUR CENT exprimés par francs et fractions de francs.		DÉCIMALES qui ont servi à trouver les fractions ordinaires.	
fr.	c.	fr.		c.	10ᵉ.
6o. .	5o. .	$8\frac{11}{41}$. ou $\frac{1}{4}$.		. 26	4
	75. .	$8\frac{4}{17}$ . . .		. 23	3
61.	. . .	8. . . . $\frac{1}{5}$.		. 19	6
	25. .	$8\frac{1}{6}$ . .		. 16	3
	5o. .	8. . . $\frac{1}{7}$.		. 13	»
	75. .	$8\frac{1}{10}$ . .		. 10	»
62.	. . .	$8\frac{8}{125}$. $\frac{1}{15}$.		. o6	4
	25. .	$8\frac{1}{33}$.		. o3	2
	5o. .	8. . .		. oo	»
	75. .	$7\frac{121}{125}$ . .		. 96	8
63.	. . .	7. . $\frac{15}{17}$.		. 93	6
	25. .	$7\frac{8}{11}$.		. 90	5
	5o. .	7. . . $\frac{8}{14}$.		. 87	4
	75. .	$7\frac{21}{25}$. $\frac{4}{5}$.		. 84	5
64.	. . .	7. . . $\frac{3}{4}$.		. 81	2
	25. .	$7\frac{39}{50}$. $\frac{3}{4}$.		. 78	1
	5o. .	$7\frac{3}{4}$.		. 75	1
	75. .	$7\frac{18}{25}$. $\frac{2}{3}$.		. 72	2
6.	. . .	7. . $\frac{7}{10}$.		. 69	2
	25. .	$7\frac{33}{50}$. $\frac{11}{16}$.		. 66	2
	5o. .	7. . $\frac{7}{11}$.		. 63	3
	75. .	$7\frac{63}{125}$. $\frac{3}{5}$.		. 6o	4
66.	. . .	$7\frac{23}{40}$. $\frac{7}{12}$.		. 57	5
	25. .	$7\frac{547}{1000}$. $\frac{11}{20}$.		. 54	7
	5o. .	$7\frac{259}{500}$. $\frac{13}{25}$.		. 51	8
	75. .	7. . . $\frac{3}{7}$.		. 49	»
67.	. . .	$7\frac{231}{500}$. $\frac{3}{7}$.		. 46	2
	25. .	$7\frac{24}{55}$.		. 43	4
	5o. .	7. . . $\frac{2}{5}$.		. 4o	7
	75. .	$7\frac{19}{50}$. $\frac{2}{5}$.		. 38	o

PRIX DE LA RENTE.		INTÉRÊTS POUR CRNT exprimés par francs et fractions de francs.	DÉCIMALES qui ont servi à trouver les fractions ordinaires.	
fr.	c.	fr.	c.	10e.
68.	. . . .	$7 \frac{7}{20}$. ou .	. 35	2
	25. .	7 . . . $\frac{1}{3}$.	. 32	6
	50. .	$7 \frac{1}{3}$ . . .	. 29	9
	75. .	$7 \frac{34}{125}$. $\frac{7}{25}$.	. 27	2
69.	. . . .	$7 \frac{1}{4}$	. 24	6
	25. .	$7 \frac{41}{50}$ . . $\frac{1}{5}$.	. 22	»
	50. .	7 . . . $\frac{1}{6}$.	. 19	4
	75. .	$7 \frac{4}{25}$ . . $\frac{1}{6}$.	. 16	7
70.	. . . .	$7 \frac{7}{50}$ . . $\frac{1}{7}$.	. 14	2
	20. .	$7 \frac{6}{50}$ . . $\frac{1}{8}$.	. 12	3
	40. .	7 . . . $\frac{1}{10}$.	. 10	2
	60. .	$7 \frac{21}{250}$. $\frac{2}{25}$.	. 08	4
	80. .	$7 \frac{3}{50}$ . . $\frac{1}{15}$.	. 06	2
71.	. . . .	7 . . . $\frac{1}{25}$.	. 04	2
	20. .	$7 \frac{1}{50}$ . . .	. 02	2
	40. .	7 . . . $\frac{1}{100}$.	. 00	2
	60. .	$6 \frac{49}{50}$ . . .	. 98	3
	80. .	6 . . . $\frac{24}{25}$.	. 96	3
72.	. . . .	$6 \frac{19}{20}$ . . .	. 94	4
	20. .	$6 \frac{37}{44}$ . . $\frac{7}{8}$.	. 92	5
	40. .	6 . . . $\frac{9}{10}$.	. 90	6
	60. .	$6 \frac{89}{100}$. $\frac{10}{11}$.	. 88	7
	80. .	$6 \frac{217}{250}$. $\frac{12}{15}$.	. 86	8
73.	. . . .	$6 \frac{17}{20}$ . . .	. 84	9
	20. .	6 . . . $\frac{5}{6}$.	. 83	1
	40. .	$6 \frac{4}{5}$ . . .	. 81	1
	60. .	6 . . . $\frac{4}{5}$.	. 79	3
	80. .	$6 \frac{31}{40}$ . . $\frac{3}{4}$.	. 76	5
74.	. . . .	$6 \frac{3}{4}$ . . .	. 75	6
	20. .	$6 \frac{369}{500}$ . . $\frac{3}{4}$.	. 73	8

PRIX DE LA RENTE.		INTÉRÊTS POUR CENT exprimés par francs et fractions de francs.	DÉCIMALES qui ont servi à trouver les fractions ordinaires.	
fr.	c.	fr.	c.	10e.
74.	40..	$6\frac{18}{25}$. ou $\frac{3}{4}$.	. 72	»
	60..	6. . . . $\frac{7}{10}$	. 70	2
	80..	$6\frac{171}{250}$ . . $\frac{2}{3}$	. 68	4
75.	. .	$6\frac{2}{3}$ . . .	. 66	6
	20..	$6\frac{13}{20}$ . . .	. 64	8
	40..	$6\frac{31}{50}$ . . $\frac{3}{5}$	. 62	2
	60..	$6\frac{61}{100}$ . . $\frac{3}{5}$	. 61	5
	80..	$6\frac{59}{100}$ . . $\frac{3}{5}$	. 59	6
76.	. .	$6\frac{29}{50}$ . .	. 57	8
	20..	$6\frac{14}{25}$ . .	. 56	1
	40..	$6\frac{68}{125}$ . . $\frac{1}{2}$	. 54	4
	60..	$6\frac{13}{25}$ . . $\frac{1}{2}$	. 52	7
	80..	6. . . . $\frac{1}{2}$	. 51	»
77.	. .	$6\frac{1}{2}$ . .	. 49	5
	20..	$6\frac{119}{250}$. $\frac{12}{25}$	. 47	6
	40..	$6\frac{23}{50}$ . .	. 45	9
	60..	$6\frac{11}{25}$ . .	. 44	3
	80..	$6\frac{21}{50}$ . .	. 42	6
78.	. .	$6\frac{41}{100}$ . . $\frac{2}{5}$	. 41	0
	20..	$6\frac{131}{333}$ . . $\frac{2}{5}$	. 39	3
	40..	$6\frac{19}{50}$ . .	. 37	7
	60..	$6\frac{9}{25}$ . . $\frac{3}{8}$	. 36	1
	80..	$6\frac{7}{20}$ . .	. 34	5
79.	. .	$6\frac{33}{100}$ . . $\frac{1}{3}$	. 32	9
	20..	$6\frac{29}{125}$ . . $\frac{1}{3}$	. 31	5
	40..	$6\frac{1}{4}$ . .	. 29	7
	60..	$6\frac{7}{25}$ . .	. 28	1
	80..	$6\frac{63}{100}$ . . $\frac{1}{4}$	. 26	5
80.	. .	$6\frac{1}{4}$ . .	. 25	»
	15.	$6\frac{2}{25}$ . . $\frac{1}{4}$	. 23	8

PRIX DE LA RENTE.		INTÉRÊTS POUR CENT exprimés par francs et fractions de francs.	DÉCIMALES qui ont servi à trouver les fractions ordinaires.	
fr.	c.	fr.	c.	10e.
80. .	3o. .	$6 \frac{113}{500}$ ou $\frac{22}{100}$.	. 22	6
	45. .	$6 \frac{11}{50}$ . . . $\frac{1}{5}$	. 21	8
	6o. .	$6 \frac{1}{5}$ . . .	. 20	3
	75. .	$6 \frac{19}{100}$ . . $\frac{1}{5}$	. 19	1
	9o. .	$6 \frac{9}{50}$ . . $\frac{1}{5}$	. 18	»
81. . . .		$6 \frac{17}{100}$ . . $\frac{1}{6}$	. 17	2
	15. .	$6 \frac{4}{25}$ . . $\frac{1}{6}$	. 16	1
	3o. .	$6 \frac{3}{20}$ . . $\frac{1}{6}$	. 15	»
	45. .	$6 \frac{7}{50}$ . . $\frac{1}{7}$	. 13	8
	6o. .	$6 \frac{4}{33}$ . . $\frac{1}{8}$	. 12	7
	75. .	$6 \frac{1}{8}$ . . .	. 11	6
	9o. .	$6 \frac{21}{200}$ . . $\frac{1}{10}$	. 10	5
82. . . .		$6 \frac{97}{1000}$ . . $\frac{1}{10}$	. 09	7
	15. .	$6 \frac{43}{500}$ . . $\frac{1}{11}$	. 08	6
	3o. .	$6 \frac{3}{40}$ . . $\frac{1}{13}$	. 07	5
	45. .	$6 \frac{8}{125}$ . . $\frac{1}{15}$	. 06	4
	6o. .	$6 \frac{1}{20}$ . .	. 05	3
	75. .	$6 \frac{1}{25}$ . .	. 04	2
	9o. .	$6 \frac{1}{33}$ . .	. 03	1
83, . . .		$6 \frac{13}{125}$ . . $\frac{1}{4}$	. 02	4
	15. .	$6 \frac{13}{1000}$ . . $\frac{1}{76}$	01	3
	3o. .	6. . . . $\frac{1}{100}$	. 00	9
	45. .	$5 \frac{99}{100}$ . .	. 99	1
	6o. .	$5 \frac{49}{50}$ . .	. 98	0
	75. .	5. . . . $\frac{32}{33}$	. 97	1
	9o. .	$5 \frac{32}{33}$ . .	. 95	9
84. . . .		$5 \frac{19}{20}$ . .	. 95	2
	15. .	5. . . . $\frac{19}{20}$	. 94	1
	3o. .	5. . . . $\frac{15}{17}$	. 93	1
	45. .	$5 \frac{13}{25}$ . . . $\frac{7}{8}$	. 92	»

PRIX DE LA RENTE.		INTÉRÊTS POUR CENT exprimés par francs et fractions de francs.	DÉCIMALES qui ont servi à trouver les fractions ordinaires.	
fr.	c.	fr.	c.	10ᶜ.
	60. .	$5\,\frac{91}{100}$ ou $\frac{9}{10}$.	. 91	»
	75. .	$5\,\frac{9}{10}$.	. 89	9
	90. .	5 . . $\frac{8}{9}$.	. 88	9
85.	. . .	$5\,\frac{8}{9}$.	. 88	2
	15. .	5 . . $\frac{8}{9}$	. 87	2
	30. .	$5\,\frac{43}{50}$. $\frac{7}{8}$	. 86	1
	45. .	$5\,\frac{17}{20}$. $\frac{4}{5}$	. 85	1
	60. .	$5\,\frac{21}{25}$. $\frac{4}{5}$	. 84	1
	75. .	$5\,\frac{83}{100}$. $\frac{4}{5}$	. 83	»
	90. .	$5\,\frac{41}{50}$. $\frac{4}{5}$	. 82	»
86.	. . .	$5\,\frac{9}{11}$.	. 81	3
	15. .	$5\,\frac{4}{5}$.	. 80	3
	30. .	5 . . $\frac{4}{15}$	. 79	3
	45. .	$5\,\frac{39}{50}$. $\frac{4}{5}$	. 78	3
	60. .	$5\,\frac{11}{14}$.	. 77	3
	75. .	$5\,\frac{19}{25}$. $\frac{4}{5}$	. 76	3
	90. .	$5\,\frac{3}{4}$.	. 75	3
87.	. . .	5 . . $\frac{3}{4}$	. 74	7
	15. .	$5\,\frac{37}{50}$. $\frac{3}{4}$	. 73	7
	30. .	$5\,\frac{29}{18}$. $\frac{3}{4}$	. 72	7
	45. .	$5\,\frac{40}{18}{25}$.	. 71	7
	60. .	$5\,\frac{707}{1000}$. $\frac{7}{10}$	. 70	7
	75. .	5 . . $\frac{7}{10}$	. 69	8
	90. .	$5\,\frac{86}{125}$. $\frac{7}{10}$	. 68	8
88.	. . .	$5\,\frac{17}{25}$. $\frac{2}{3}$	. 68	1
	15. .	$5\,\frac{84}{125}$. $\frac{2}{3}$	. 67	2
	30. .	$5\,\frac{2}{3}$.	. 66	2
	45. .	$5\,\frac{13}{20}$. $\frac{2}{3}$	. 65	2
	60. .	5 . . $\frac{16}{25}$	. 64	3
	75. .	$5\,\frac{79}{125}$. $\frac{3}{5}$	. 63	2

PRIX DE LA RENTE.		INTÉRÊTS POUR CENT exprimés par francs et fractions de francs.		DÉCIMALES qui ont servi à trouver les fractions ordinaires.	
fr.	c.	fr.		c.	10e
88.	.90..	$5\frac{31}{50}$. ou $\frac{3}{5}$.		.62	2
89.	....	$5\frac{31}{50}$ . . . $\frac{3}{5}$.		.61	7
	15..	$5\frac{76}{125}$ . . $\frac{3}{5}$.		.60	8
	30..	$5\frac{3}{5}$. . .		.59	9
	45..	$5\frac{59}{100}$ . . $\frac{3}{5}$.		.58	9
	60..	$5\frac{27}{50}$ . . $\frac{3}{5}$.		.58	0
	75..	$5\frac{574}{100}$ . . $\frac{6}{11}$.		.57	1
	90..	$5\frac{14}{25}$ . . $\frac{7}{12}$.		.56	1
90.	....	$5\frac{111}{200}$ . . $\frac{11}{20}$.		.55	5
	10..	$5\frac{137}{250}$ . . $\frac{11}{20}$.		.54	8
	20..	$5\frac{13}{25}$ . . $\frac{1}{2}$.		.54	3
	30..	5. . . $\frac{13}{25}$		.53	7
	40..	$5\frac{53}{100}$.		.53	0
	50..	$5\frac{131}{250}$.		.52	4
	60..	$5\frac{259}{500}$ . . $\frac{1}{2}$.		.51	8
	70..	$5\frac{51}{100}$ . . $\frac{1}{2}$.		.51	2
	80..	5. . . $\frac{1}{2}$.		.50	6
	90..	$5\frac{1}{2}$.		.50	»
91.	....	5. . . $\frac{1}{2}$.		.49	4
	10..	$5\frac{61}{125}$ . . $\frac{1}{2}$.		.48	8
	20..	$5\frac{243}{500}$ . . $\frac{12}{25}$.		.48	6
	30..	5. . $\frac{12}{25}$.		.47	6
	40..	$5\frac{47}{100}$. $\frac{3}{7}$.		.47	0
	50..	$5\frac{23}{50}$. $\frac{3}{7}$.		.46	4
	60..	5. . $\frac{23}{50}$		.45	8
	70..	$5\frac{9}{20}$.		.45	2
	80..	5. . . $\frac{9}{20}$.		.44	6
	90..	$5\frac{11}{25}$.		.44	0
92.	....	$5\frac{217}{500}$. $\frac{5}{22}$.		.43	4
	10..	$5\frac{43}{100}$. $\frac{5}{12}$.		.42	8

PRIX DE LA RENTE.		INTÉRÊTS POUR CENT exprimés par francs et fractions de francs.	DÉCIMALES qui ont servi à trouver les fractions ordinaires.	
fr.	c.	fr.	c.	10e.
92.	20.	$5 \frac{21}{50}$. ou $\frac{2}{5}$.	42	2
	30.	5 . . . . $\frac{2}{5}$	41	7
	40.	$5 \frac{41}{100}$ . . $\frac{2}{5}$	41	1
	50.	$5 \frac{81}{200}$ . . $\frac{2}{5}$	40	5
	60.	$5 \frac{2}{5}$	39	9
	70.	5 . . . $\frac{2}{5}$	39	3
	80.	$5 \frac{387}{1000}$ . . $\frac{3}{8}$	38	7
	90.	5 . . . $\frac{19}{50}$	38	1
93.	.	5 . . . $\frac{19}{50}$	37	6
	10.	$5 \frac{37}{100}$. $\frac{7}{20}$	37	0
	20.	$5 \frac{91}{250}$. $\frac{9}{25}$	36	4
	30.	$5 \frac{91}{25}$ . .	35	9
	40.	$5 \frac{7}{20}$ . .	35	3
	50.	5 . . . $\frac{7}{20}$	34	7
	60.	$5 \frac{17}{50}$. $\frac{1}{3}$	34	1
	70.	5 . . . $\frac{1}{3}$	33	6
	80.	$5 \frac{1}{3}$ . .	33	0
	90.	$5 \frac{1}{3}$ . .	32	4
94.	.	5 . . . $\frac{1}{3}$	31	9
	10.	$5 \frac{31}{100}$. $\frac{1}{3}$	31	3
	20.	5 . . . $\frac{3}{10}$	30	7
	30.	$5 \frac{3}{10}$ . .	30	2
	40.	$5 \frac{37}{125}$. $\frac{3}{10}$	29	6
	50.	$5 \frac{29}{100}$. $\frac{13}{10}$	29	1
	60.	$5 \frac{57}{200}$. $\frac{7}{25}$	28	5
	70.	5 . . . $\frac{7}{25}$	27	9
	80.	$5 \frac{137}{500}$. $\frac{3}{}$	27	4
	90.	5 . . $\frac{27}{100}$	26	9
95.	.	5 . . . $\frac{1}{4}$	26	3
	10.	5 . . . $\frac{1}{4}$	25	7

PRIX DE LA RENTE.	INTÉRÊTS POUR CENT exprimés par francs et fractions de francs.	DÉCIMALES qui ont servi à trouver les fractions ordinaires.	
fr. c.	fr.	c.	10e.
95 . 20 ..	$5\frac{1}{4}$	. 25	2
30..	$5\frac{1}{4}$.	. 24	6
40..	$5\frac{6}{25}$ ou $\frac{1}{4}$.	. 24	1
50..	5. . . . $\frac{6}{25}$	. 23	5
60..	$5\frac{23}{100}$ . . $\frac{1}{5}$	. 23	0
70..	$5\frac{11}{50}$. $\frac{1}{5}$	. 22	5
80..	5. . . . $\frac{1}{5}$	. 21	9
90..	$5\frac{1}{5}$	. 21	3
96. ..	$5\frac{1}{5}$	. 20	8
10..	$5\frac{1}{5}$	. 20	2
20..	$5\frac{1}{5}$	. 19	7
30..	$5\frac{19}{100}$. $\frac{1}{5}$	. 19	2
40..	5. . . . $\frac{19}{100}$	. 18	6
50..	$5\frac{9}{50}$. $\frac{1}{5}$	. 18	1
60..	5. . . $\frac{9}{50}$ $\frac{1}{6}$	. 17	6
70..	$5\frac{17}{100}$. $\frac{1}{6}$	. 17	0
80..	$5\frac{1}{6}$	. 16	5
90..	$5\frac{1}{6}$	. 15	9
97. ..	$5\frac{3}{20}$ . . $\frac{1}{6}$	. 15	4
10..	5. . . . $\frac{1}{6}$	. 14	9
20..	$5\frac{7}{50}$. $\frac{1}{6}$	. 14	4
30..	$5\frac{7}{50}$. $\frac{1}{7}$	. 13	8
40..	$5\frac{2}{15}$	. 13	3
50..	5. . . $\frac{2}{15}$	. 12	8
60..	$5\frac{3}{25}$. $\frac{1}{8}$	. 12	2
70..	5. . . . $\frac{1}{8}$	. 11	7
80..	$5\frac{1}{9}$	. 11	2
90..	5. . . $\frac{1}{9}$	. 10	7
98. ..	$5\frac{1}{10}$	. 10	2
10..	5. . . . $\frac{1}{16}$	. 099	7

PRIX DE LA RENTE.		INTÉRÊTS POUR CENT exprimés par francs et fractions de francs.	DÉCIMALES qui ont servi à trouver les fractions ordinaires.	
fr.	c.	fr.	c.	10c.
98.	. 20 . .	$5\frac{1}{11}$	. 09	I
	30 . .	5 . . . . $\frac{1}{11}$	. 08	6
	40 . .	$5\frac{1}{12}$	. 08	I
	50 . .	5 . . . . $\frac{1}{12}$	. 07	6
	60 . .	$5\frac{1}{14}$	. 07	»
	70 . .	5 . . . . $\frac{1}{14}$	. 06	5
	80 . .	$5\frac{1}{16}$	. 06	»
	90 . .	5 . . . . $\frac{1}{17}$	. 05	5
99.	. . . .	$5\frac{1}{20}$	. 05	»
	10 . .	5 . . . . $\frac{1}{20}$	. 04	5
	20 . .	$5\frac{1}{25}$	. 04	»
	30 . .	5 . . . . $\frac{1}{25}$	. 03	5
	40 . .	$5\frac{1}{33}$	. 03	»
	50 . .	5 . . . . $\frac{1}{33}$	. 02	5
	60 . .	$5\frac{1}{50}$	. 02	»
	70 . .	5 . . . . $\frac{1}{50}$	. 01	5
	80 . .	$5\frac{1}{100}$	. 01	»
	90 . .	5	. 00	5
100.	. . . .	5	. »»	»

FIN.

TABLE

DES CHAPITRES.

———

CHAPITRE II.

Pag.

CHAPITRE XII.

CHAPITRE DERNIER.

FIN DE LA TABLE.

IMPRIMERIE DE FAIN, PLACE DE L'ODÉON.

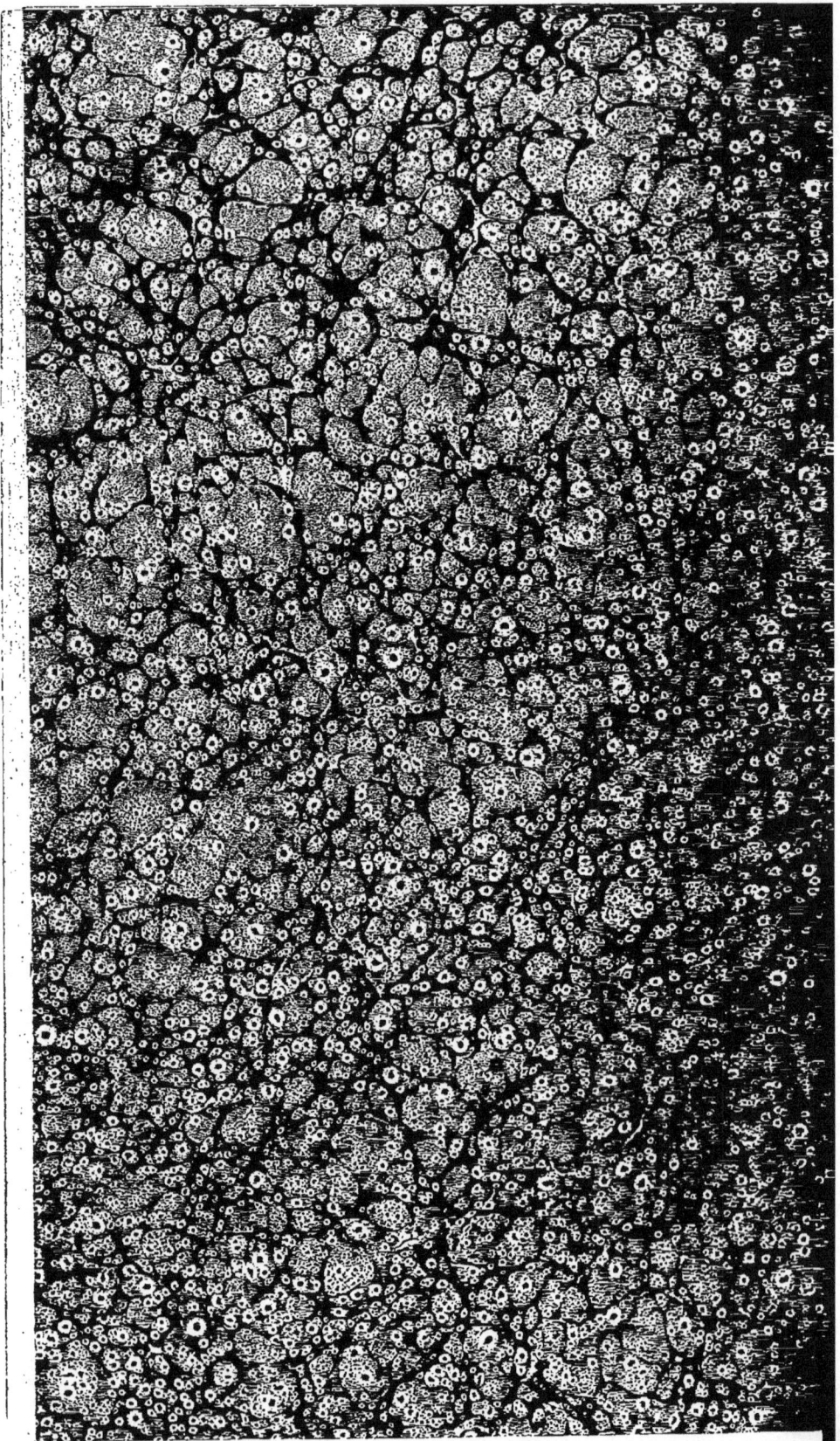

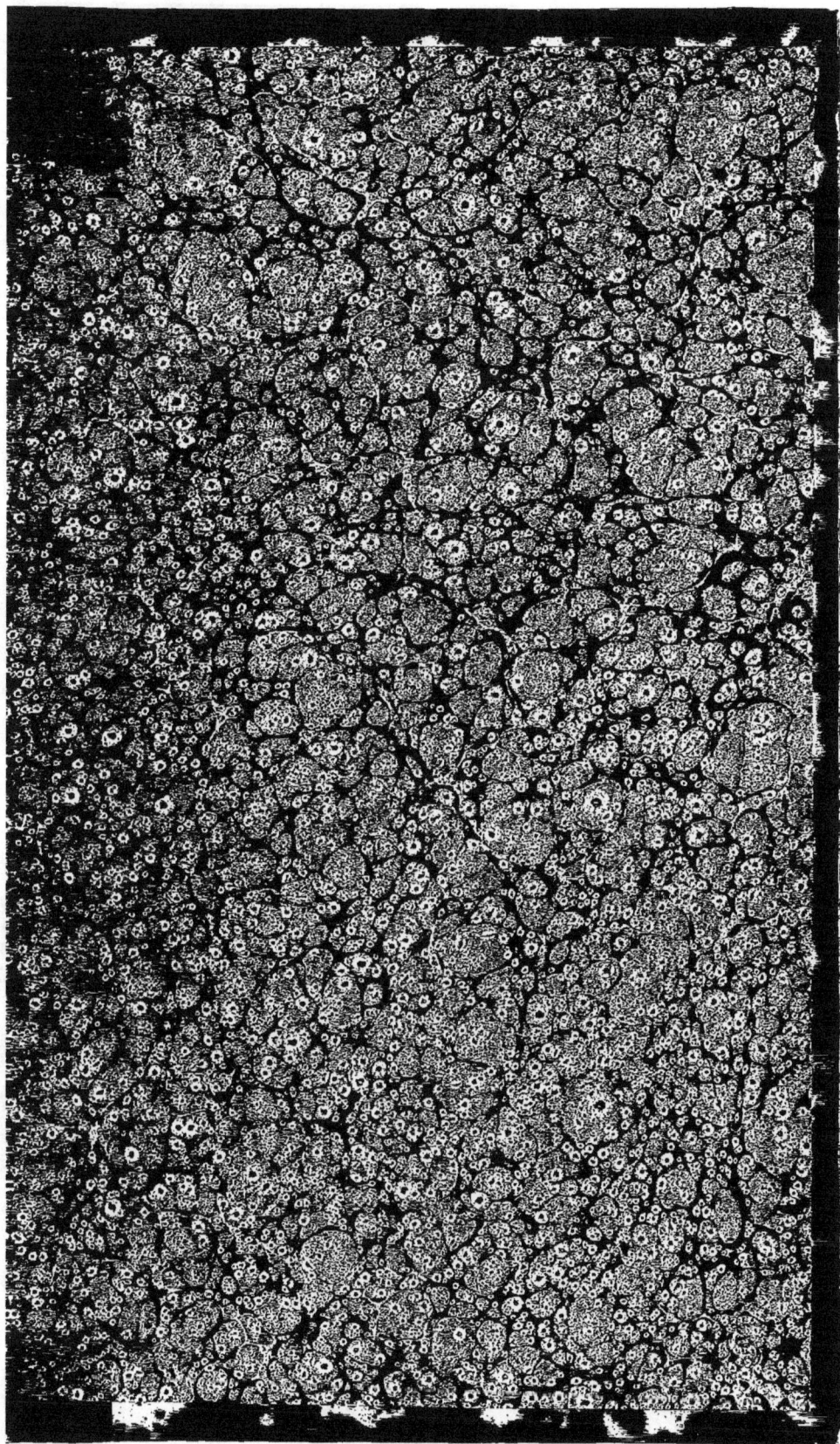

www.ingramcontent.com/pod-product-compliance
Lightning Source LLC
Chambersburg PA
CBHW072305210326
41519CB00057B/2630